新型桶式基础结构关键技术研究

沈雪松　蔡正银　关云飞　著

科学出版社

北　京

内 容 简 介

桶式基础是一种新型港工结构物，可用于淤泥质海岸防波堤、护岸和码头接岸工程的建设，具有不需要对软土地基进行开挖换填处理、无需大量砂石料、对环境影响小且工程造价低、工期短、质量可控等优势。本书通过模型试验、数值仿真、理论研究、现场试验等方法，系统研究了新型桶式基础结构在负压下沉、波浪荷载和港侧回填等不同工况下的受力情况及位移和稳定破坏模式，揭示了波浪-桶式基础结构-地基之间的静动力相互作用规律。

本书可供从事防波堤及护岸结构研究的科研、教学与设计人员参考使用，对于淤泥质地区港工建筑物与地基共同作用研究具有重要的指导与参考价值。

图书在版编目（CIP）数据

新型桶式基础结构关键技术研究 / 沈雪松，蔡正银，关云飞著. —北京：科学出版社，2017.12

　ISBN 978-7-03-051412-7

　Ⅰ. ①新… Ⅱ. ①沈… ②蔡… ③关… Ⅲ. ①防波堤–混凝土结构–研究 Ⅳ. ①U656.2

中国版本图书馆 CIP 数据核字（2016）第 313384 号

责任编辑：惠　雪　曾佳佳 / 责任校对：彭　涛
责任印制：张克忠 / 封面设计：许　瑞

科 学 出 版 社 出版

北京东黄城根北街 16 号
邮政编码：100717
http://www.sciencep.com

文林印务有限公司 印刷

科学出版社发行　各地新华书店经销

*

2017 年 12 月第 一 版　开本：720×1000 1/16
2017 年 12 月第一次印刷　印张：10 1/4
字数：230 000

定价：**79.00 元**

（如有印装质量问题，我社负责调换）

序

新时代建设"交通强国"的战略部署对加速推进港口、航道等水运基础设施提出了更高的要求。近年来，我国港口建设与维护水平取得了长足的发展，但随着港口规模与航道等级的提升、建设难度不断增加且环境保护意识逐渐增强，以往通过大量消耗砂石料等不可再生资源的粗放建设方式已不能适应新的要求，工程建设者和技术人员需贯彻创新、绿色的发展理念，提出经济合理、环境友好的工程建设方案。

在连云港港徐圩港区防波堤工程中，由于波浪条件复杂、地基软土层深厚、淤泥物理力学指标差，若采用传统的斜坡堤，抛石方量巨大、工程投资高且工期长。建设单位提出了一种单桶多隔仓桶式基础结构，具有不需要先进行软基加固处理、砂石料用量少、对环境影响小且工程造价低、工期短、质量可控等优势，可作为防波堤和岸壁结构使用。

《新型桶式基础结构关键技术研究》一书全面、系统地阐述了新型桶式基础的结构特征、典型工况及其关键技术问题。作者及其研究团队针对新型桶式基础结构开展了大量的离心模型试验、数值仿真分析、理论研究和现场试验工作，不仅系统分析了桶式基础结构在负压下沉、波浪作用和港侧回填等不同工况下的变形与位移规律、外力与内力特征，而且揭示了波浪-桶式基础结构-地基共同作用机理，建立了该结构抗滑、抗倾稳定计算方法，解决了新型桶式基础结构防波堤设计、施工中的关键技术问题，研究成果为新结构的工程示范和推广应用提供了强有力的技术支撑，目前在连云港港徐圩港区已经建成总长度超过 8km 的桶式结构直立式防波堤。

桶式基础结构关键技术研究提升了我国港口工程离心模拟技术、数值仿真技术和离岸深水结构监测技术水平，提升了水运行业的创新能力。同时，我们也应该看到，对于桶式基础结构仍有不少需要深入研究的地方，如结构下沉过程中的挤土效应、下桶隔仓内部地基土如何发挥作用、港侧地基加固对桶体稳定性的影响等，期望研究团队深化研究、继续前行，不断总结和完善研究成果，将桶式基础结构应用于更多的水运和水利工程，为我国工程技术创新做出更大的贡献。

龚晓南

中国工程院院士

2017 年 10 月

前　　言

我国沿海从北到南广泛分布着淤泥质海岸带,如天津、连云港、宁波舟山、温州等地区。在淤泥质港区建设防波堤面临着地基软土层深厚、淤泥物理力学指标差、灵敏度高等难题,若采用传统的抛石斜坡堤、爆破挤淤堤等断面形式,不但防波堤工程量巨大、工期很长,还将面临砂石料等不可再生资源消耗多、对生态破坏大等环境风险。在连云港港徐圩港区建设中,建设者们践行创新、绿色的发展理念,创造性地提出了新型桶式基础防波堤结构,该结构具有不需要软基加固、砂石料用量少、对环境影响小且工程造价低、工期短、质量可控等优势。通过优化断面尺度,桶式基础还可以作为岸壁结构使用。

新型桶式基础防波堤的结构形式及其工作机理比大圆筒、吸力锚等传统直壁式离岸结构更为复杂,必须考虑波浪荷载-结构-地基土及回填土之间的共同作用,其结构设计、理论计算更加困难。本书通过模型试验、数值仿真、理论研究、现场试验等方法,系统研究了新型桶式基础结构在负压下沉、波浪荷载和港侧回填等不同工况下的受力情况及位移和稳定破坏模式,揭示了波浪-桶式基础结构-地基之间的静动力相互作用规律。

本书共分九章。第1章在总结防波堤的主要结构形式及近年来涌现的新型防波堤结构的基础上,介绍了新型桶式基础结构的结构特征及工程应用;第2章分析了桶式基础结构的四种典型工况及其受力特征,提出了新型桶式基础结构的研究内容与方法;第3章研制了复杂海洋环境下的桶式基础结构离心模型试验系统;第4章分析了桶式结构在下沉过程、波浪荷载和回填荷载作用下的离心模型试验结果,得出了下沉过程中的总阻力、侧壁摩阻力、下桶嵌入粉质黏土层的深度等重要的设计参数,分析了结构在不同工况下的稳定破坏模式;第5章建立了考虑地基土弹塑性本构关系及桶土相互作用的三维数值仿真平台;第6章通过数值仿真,分析研究了波浪荷载和港侧不同材料回填后,桶式基础结构防波堤的受力及结构的变形与稳定特性；第 7 章通过理论推导，提出了桶式结构土压力、摩阻力及转动中心确定方法和桶体抗倾与抗滑稳定性计算公式；第 8 章介绍了桶式基础结构防波堤现场试验内容及试验结构，验收了离心模型试验、数值计算及理论公式的可靠性。第 9 章进行了桶式基础结构关键技术研究的总结与展望。

全书由沈雪松、蔡正银、关云飞组织编写、修改并定稿，南京水利科学研究院徐光明、凌华、高长胜、黄英豪、曹永勇、任国峰等参与撰写了本书第 2~8 章的部分内容；连云港港 30 万吨级航道建设指挥部方利鹤、丁大志、庞亮、聂琴、陈允才参与了本书第 2 章、第 6 章、第 8 章的撰写。

全书由南京水利科学研究院与连云港港 30 万吨级航道建设指挥部联合撰写，书中相关研究内容得到了中交第三航务工程勘察设计院有限公司、中交第三航务工程局有限公司等单位的大力支持，连云港港 30 万吨级航道建设指挥部及南京水利科学研究院出版基金对本书的出版予以资助。在此，谨致以衷心的感谢！

由于桶式基础是一种新型的港工结构物，其计算理论、工作机理还有很多值得探讨的问题，有待更多的科研工作者开展深入的研究。由于作者水平有限，书中肯定存在许多不足之处，引用文献也可能存在挂一漏万的问题，恳请各位读者不吝斧正。

作　者
2016 年 12 月
于南京清凉山麓

目　　录

序

前言

第 1 章　新型防波堤结构···1

1.1　防波堤的主要结构形式···1

1.2　适合软土地基的新型防波堤结构···4

1.3　桶式基础结构的提出··7

1.4　桶式基础结构的应用··8

第 2 章　桶式基础结构关键技术··11

2.1　桶式基础结构的四种工况··11

2.2　桶式基础结构受力分析···13

2.3　港工结构物与地基共同作用研究进展···16

2.3.1　模型试验研究进展··16

2.3.2　数值分析进展··19

2.3.3　理论研究进展··22

2.4　桶式基础结构关键技术研究内容与方法···23

第 3 章　桶式基础结构离心模型试验技术··25

3.1　土工离心试验···25

3.1.1　土工离心模型的基本原理···25

3.1.2　离心模型试验设备··26

3.1.3　相似律···27

3.2　模型制作及加载、测量系统···29

3.2.1　桶式基础结构离心模型制作··29

3.2.2　地基土层制备··31

3.2.3　离心试验加载系统 ··· 33

3.2.4　离心试验模型测量系统 ··· 37

3.2.5　试验程序 ··· 38

第 4 章　不同工况下桶式基础结构离心模型试验 ·············· 40

4.1　下沉过程桶式结构受力特性试验研究 ······················· 40

4.1.1　试验方案 ··· 40

4.1.2　下沉过程桶体受力分析 ··· 41

4.1.3　下沉过程中的贯入阻力 ··· 43

4.1.4　侧壁摩擦力特性 ·· 44

4.1.5　负压下沉过程中桶体关键部位的应力变化 ············ 45

4.2　波浪荷载作用下桶式基础受力特性试验研究 ············· 47

4.2.1　试验方案 ··· 47

4.2.2　水平荷载作用下桶式基础防波堤的性状 ··············· 48

4.2.3　循环往复波浪力作用下桶式基础防波堤的性状 ······ 54

4.2.4　防波堤运行阶段桶式基础结构防波堤的变位性状小结 ··· 58

4.3　回填荷载作用下桶体受力特性试验 ·························· 59

4.3.1　试验方案 ··· 59

4.3.2　港侧吹填淤泥后的桶体变形稳定性状 ·················· 60

4.3.3　港侧回填袋装砂后的桶体变形稳定性状 ··············· 64

4.3.4　桶式基础防波堤位移变形模式和稳定破坏模式 ······ 67

4.4　离心模型试验小结 ··· 68

第 5 章　桶式基础结构与地基共同作用数值仿真平台 ········· 70

5.1　ABAQUS 有限元软件介绍 ··· 70

5.2　南水模型在 ABAQUS 中的实现 ·································· 71

5.2.1　土体双屈服面弹塑性模型——南水模型 ··············· 71

5.2.2　南水模型计算程序的开发 ······································ 74

5.3　桶式结构与地基土接触模拟 ····································· 77

　　　5.3.1　结构物与土体接触的力学描述 ·································· 77

　　　5.3.2　接触力学算法 ·· 79

　　5.4　本章小结 ·· 80

第 6 章　桶式基础结构与地基共同作用数值计算 ························· 81

　　6.1　桶式基础结构有限元计算模型 ··· 81

　　　6.1.1　数值模型的建立 ··· 81

　　　6.1.2　地基与桶体结构接触的模拟 ···································· 82

　　　6.1.3　计算参数的确定 ··· 83

　　　6.1.4　地基初始应力场的模拟 ·· 84

　　6.2　波浪荷载作用下桶式基础防波堤数值计算结果 ··················· 85

　　　6.2.1　桶式基础结构变位控制点的选取 ······························ 85

　　　6.2.2　极限波浪荷载作用下桶式结构防波堤与地基土的变形 ····· 86

　　　6.2.3　不同波浪荷载作用下桶式结构防波堤的变位分析 ·········· 88

　　6.3　港侧回填情况下防波堤的变形与稳定 ······························ 91

　　　6.3.1　回填淤泥情况下结构与地基共同作用有限元分析结果 ····· 91

　　　6.3.2　回填砂情况下波浪-结构-地基共同作用有限元分析结果 ··· 93

　　6.4　本章小结 ·· 96

第 7 章　桶式基础结构防波堤与地基共同作用分析 ····················· 97

　　7.1　桶式结构桶壁土压力分析 ··· 97

　　　7.1.1　桶壁土压力分析点 ·· 97

　　　7.1.2　桶壁土压力沿竖向分布 ·· 98

　　　7.1.3　桶壁土压力沿环向分布 ·· 100

　　7.2　桶式结构桶体摩阻力分析 ·· 102

　　　7.2.1　摩阻力分析点 ··· 102

　　　7.2.2　下桶外侧桶壁摩阻力 ··· 103

　　　7.2.3　桶体端阻力分析 ·· 105

　　7.3　桶式基础结构的转动中心 ·· 105

7.3.1 转动中心与土压力及稳定性的关系 ········· 105

7.3.2 影响转动中心位置的因素分析 ············· 106

7.3.3 桶体转动中心的确定 ···················· 109

7.4 桶式基础结构稳定性解析分析 ················ 110

7.4.1 极限状态下桶体结构受力 ················ 110

7.4.2 土压力计算公式 ······················· 111

7.4.3 摩阻力计算公式 ······················· 115

7.4.4 桶体稳定性计算公式 ···················· 116

7.5 本章小结 ······························· 119

第 8 章 桶式基础结构现场试验 ················ 121

8.1 现场试验内容 ·························· 121

8.2 负压下沉过程中桶体结构现场测试 ············ 123

8.2.1 负压下沉中桶体位移 ···················· 123

8.2.2 负压下沉中桶体受力 ···················· 124

8.2.3 负压下沉中桶体内力 ···················· 130

8.2.4 负压下沉中桶体结构与地基相互作用 ········· 137

8.3 波浪荷载作用下桶体结构现场测试 ············ 139

8.3.1 波浪作用下的桶壁总土压力 ··············· 139

8.3.2 波浪作用下的桶壁有效应力和超静孔隙水压力 ··· 141

8.4 本章小结 ······························ 144

第 9 章 结论与展望 ······················· 146

9.1 主要结论 ······························ 146

9.2 展望 ································· 147

参考文献 ································· 149

索引 ···································· 153

第1章 新型防波堤结构

防波堤是人工掩护的沿海港口重要组成部分，起到防御波浪侵袭、保障港区水域平稳、防止港池淤积和波浪冲蚀岸线等作用，按断面形式，可分为斜坡堤、直墙堤和混合堤。本章详细介绍了防波堤的主要结构形式，尤其是适合软土地基的新型防波堤结构。针对淤泥质港区软土深厚、水深条件差、波浪条件复杂等建设困难，提出了多隔仓混凝土新型桶式基础防波堤结构，该结构具有无需软基处理、施工方便、质量和进度可控、工程造价低、环境友好等优势，具有广阔的推广和应用前景。

1.1 防波堤的主要结构形式

防波堤是为了阻断波浪的冲击、维护港池、维持水面平稳以保护港口免受恶劣天气影响，以便船舶安全停泊和作业的水工建筑物。在砂质和淤泥质海岸，兼有阻挡沿岸因水流而形成的泥沙向港内流入，减轻港内淤积的作用；在有冰冻的海域还可以阻止大量流冰进入港内，防止堵塞；部分防波堤还可以兼作码头岸壁。

防波堤的结构一般可分为重型和轻型两类：前者是传统和常用的结构形式，包括斜坡堤、直立堤和混合堤等；后者是近数十年来发展起来的，根据波能集中于表层的特点，结合工程的特殊需要而研究出来的各种轻型防波堤，如透空堤、浮堤、喷气堤等[1-3]。

1. 重型防波堤

重型防波堤包括斜坡式防波堤、直立式防波堤和混合式防波堤等几种，如图 1.1 所示。

斜坡式防波堤是一种较常用的传统防波堤形式，按材料大致可分为抛石防波堤、混凝土块体堆筑或护面斜波堤。抛石防波堤有不分级堤和分级堤两种，其中不分级堤利用开采出来的大小不等的块石，不经分选，随意抛填，其优点是堤身密实，沉降均匀，施工简单，缺点是块石质量轻，容易受波浪冲击破坏，后期维修费用高，因此，逐渐被分级堤代替。分级堤是根据堤身各部位作用的不同采用不同质量的块石，一般将较小的块石放在堤心和堤身下部，大的块石放在堤面和堤顶，其优点是石料利用合理，稳定性提高，便于有计划地采石，缺点是石料的来源和数量不易保证，其适用条件是水深浅、地基土软、石料丰富、设计波高小于3m。当波浪较大、缺乏石料时，可考虑采用混凝土块体堆筑斜波堤，其优点是块体质量大（最大可达60~80t），稳定性好，抗波浪荷载能力大，缺点是需要大型起重设备，水泥用量大，费用高。混凝土块体护面堤是采用人工预制的栅栏板块体、扭王字块体、四足锥形块体等作为斜坡堤的护面结构，可抵御较大的风浪。从上述斜坡式防波堤的特点中可以看出，采用传统的斜坡式防波堤，首先要求材料来源丰富，另外，当水深较深，波浪荷载较大时，斜坡堤断面尺寸显著增大，工程造价急剧上升。

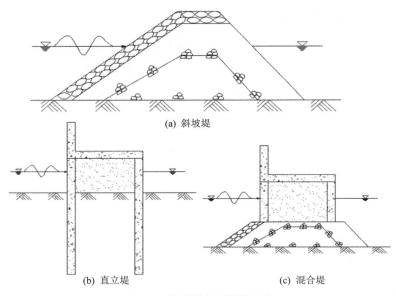

(a) 斜坡堤

(b) 直立堤

(c) 混合堤

图 1.1　防波堤主要结构形式

直立式防波堤可分为重力式防波堤和桩式防波堤。重力式防波堤堤身结构可以根据具体条件设计成多种形式，靠防波堤结构自重保持稳定，结构耐久性较好，后期维护成本较低，由于堤身多采用混凝土结构，可不受开采石料的限制，适用于石料缺乏、水深较大、波浪荷载较大及地基条件较好的区域，其缺点一是对地基不均匀沉降敏感，对地基承载力要求高，二是在堤身前的迎浪侧消波效果差。桩式防波堤一般由钢板桩或大型管桩构成连续墙身，板桩墙之间或墙后填充块石，其强度与耐久性均较差，适用于地基土条件差、波浪荷载不大的情况。

混合式防波堤为下部抛石结构、上部直墙结构，是斜坡式和直立式相结合的形式。其优点是适用于较深水域，由于下部抛石，对地基土质条件要求不是很高，而且下部抛石的类型多样，消波效果也较好，缺点是仍需要较多的石料，对下部抛石沉降要求严格。

特殊形式防波堤是利用波能在水中的分布，并为克服传统防波堤带来的种种不利因素而采用的一些特殊形式的防波堤，这些防波堤一般适用于波浪荷载较小的区域。

2. 轻型防波堤

传统形式的防波堤（直立式和斜坡式）在材料的使用上和波能的分布规律完全不相适应。如斜坡式防波堤，在波能最集中的地方使用了最少的材料，而在波能最小的地方却耗费了大量的材料，且随着工程水域深度的增加，工程造价剧增，施工也变得十分困难。根据波浪理论的研究和试验表明，波浪的能量集中在水体表层，水面以下三倍波高的水深范围内集中了全部波能的98%。

轻型防波堤正是利用波能分布集中在水体表层的特点，克服传统防波堤材料利用率低、能耗高所带来的种种不利因素而采用的一些特殊结构形式的防波堤，如桩基透空式防波堤、浮式防波堤、气压式防波堤等。

桩基透空式防波堤适用于水深较大、地基承载能力较差而波浪作用不是十分强烈的水域。它容许部分波浪能量随同水体通过堤身传到堤后，因此，相比实体堤其堤身承受的波浪作用力相应减小，对周围动力环境的影响也有所减少。桩基透空式在我国已经具有成功的应用经验，它的施工方案与高桩码头一样，施工条件成熟，难度低，施工船机少；速度快，工期相对较短，可大量节省砂石材料用量；靠港内一侧可作码头用，靠泊船舶，使用期港区的回淤量比实心堤少。

浮式防波堤是由金属、钢筋混凝土和塑料材料制造的浮式构件及锚泊系统组成的防浪设施，具有质量轻、结构简单、造价低廉、安置方便、对地基的要求不高等优点。此外，还有很强的海水交换能力，不破坏水域的整体性和生态环境，不改变水流和泥沙运动条件等特点。

浮式防波堤主要用于水深大而波浪小的水域，或是没有必要修建坐底防波堤和水深及基床条件差而修建坐底防波堤十分困难的水域。当所掩护的水域要求有良好的水质交换条件时，浮式防波堤是一种较优的结构形式。例如在具有较好避风条件的天然深水港湾建造深水码头，为了预防常年主导风浪的影响，可以在合适的区域设置少量的浮式防波堤以达到更佳的避风抗浪效果。浮式防波堤可以用于掩护水产养殖设施、人工海水浴场等水域以取得节省投资和保持良好水质交换的双重效果，海上工程的施工现场可以用浮式防波堤来进行临时性掩护，以增加施工作业天数，缩短工期，提高效益。浮式防波堤一般分为浮箱式防波堤、浮筒式防波堤、浮筏式防波堤和其他类型浮式防波堤。

气压式防波堤分为喷气堤和射水堤，一般适用于施工、维修等临时性工程，两者都易于搬移，耗电量大，易发生锈蚀和生物附着，这类轻型防波堤对长波的掩护效果较差，都有结构单薄、易于损坏、维护要求高等弱点，在实际应用中还存在不少具体问题。

1.2　适合软土地基的新型防波堤结构

近年来随着我国航运事业的发展和港口经济的繁荣，很多港口已趋饱和，必须开辟新港区。同时，自然条件优越的港址通常已被开发，不得不面对深水区域、大波浪荷载和软土地基等复杂的自然条件。若在上述复杂条件下建造传统防波堤，需要先对软土地基进行加固处理且消耗大量的砂石料，工程造价将会大大提高。为此，近年来陆续开发了几种适用于淤泥质地基的新型防波堤结构，如半圆形结构、大圆筒结构、箱筒型结构等。

1. 半圆形结构[4]

半圆形防波堤是由半圆形拱圈和底板组成的新型防波堤结构，如图 1.2 所示。与传统重力式防波堤相比，作用于半圆形防波堤上的波浪荷载较小，作用方向通过圆心，对堤身不产生倾覆力矩，且该结构质量比传统重力式防波堤结构轻，适应于软土地基。

图 1.2　半圆形结构防波堤

在天津港北大防波堤和长江口深水航道整治工程中采用了半圆形结构，取得了较好的效果，但该结构也存在尚未解决的问题，如某工程采用的半圆形导流堤在一次寒潮波浪作用下发生了过量沉降与滑移。

2. 沉入式大圆筒结构[5]

沉入式大圆筒防波堤结构是无底、无盖的薄壁圆柱壳结构，断面如图 1.3 所示。该结构适用于深水软土地基，具有结构形式简单、施工方便快速、砂石材料用量省等优点，在港珠澳大桥隧道人工岛等大型工程中得到成功应用。

虽然国内外对大圆筒防波堤结构的设计与施工开展了很多研究工作，但是大圆筒结构在实际工程中仍存在不少问题，如结构尺寸较大，需要配备大型起重、运输、安装设备，施工时需合适的波浪潮流条件，结构下沉方法及施工工艺有待提高。大圆筒结构与土相互作用机理十分复杂，目前尚无规范可循，由于该结构的设计计算方法尚不完善，工程中出现过倾覆破坏、位移过大等问题。

图 1.3　沉入式大圆筒结构防波堤

3. 箱筒型基础结构[6]

箱筒型基础结构由下部基础筒和上部结构组成，其中下筒为 4 个大直径无底钢筋混凝土圆筒呈矩阵形排列，通过圆筒间的 4 个连接墙连成一个整体，下部基础圆筒上浇筑钢筋混凝土盖板，盖板以上通过杯口圈梁安装预制钢筋混凝土圆筒，形成连续的防浪墙。箱筒型基础防波堤结构如图 1.4 所示。

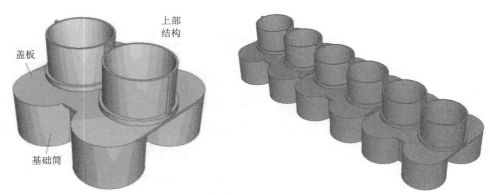

图 1.4　箱筒型基础结构防波堤

上、下筒体在预制厂分别预制，在半潜驳上拼装并浇筑成整体，采用气浮运输、负压下沉工艺。利用基础筒周边软土的黏聚力和摩擦阻力来保证结构的抗滑和抗倾稳定性。箱筒型基础结构能适应软土地基，应用于天津港北围埝工程、北防波堤延伸工程等。但该结构施工中占用半潜驳与出运码头时间长，施工效率受到限制；基础圆筒之间的连接墙应力集中，下沉过程中易被拉裂；基础筒底端所处的地基土层承载力较低，未进入硬土层，因此抵抗水平荷载的能力较弱，难以直接用作岸壁结构。

1.3　桶式基础结构的提出

在连云港港徐圩港区防波堤工程中，由于港区海底表层覆盖厚度达 6~15m 的淤泥质黏土，该层土孔隙比大、含水率高、强度很低，同时靠近口门区域海底泥面标高达–5m，波浪条件恶劣，如采用传统的斜坡堤，抛石方量消耗巨大，且工期长，经济效益低。为适应深层软土地基和复杂波浪条件，建设单位提出了一种新型桶式基础直立式防波堤，其堤身由若干个嵌入海底粉质黏土层的桶式基础结构顺接而成，每一组标准桶式基础结构构件由 1 个基础桶体和 2 个上部筒体组成；基础桶体呈椭圆形，长轴 30m，短轴 20m，桶内通过隔板分为 9 个隔仓，外桶壁厚 0.4m，中间隔仓板厚 0.3m，下桶高度根据软土层厚度调整，一般为 8~11.5m；2 个上部圆形筒体坐落在基础桶顶板上，每个筒体直径 8.9m，筒壁厚 0.4m，两筒沿基础桶短轴方向排列，上筒顶海侧设弧形挡浪墙，挡浪墙顶标高根据水深确定（图 1.5，图 1.6）[7]。

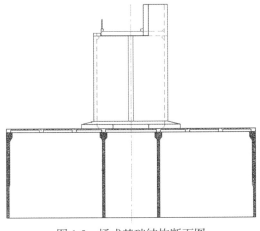

图 1.5　桶式基础结构断面图

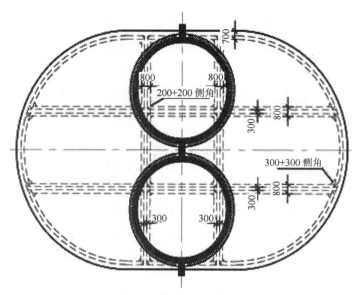

图 1.6　桶式基础结构平面图（单位：mm）

　　新结构通过排气排水下沉，不需要进行软土地基改良，充分利用地基与基础结构之间的相互作用，达到结构抗滑抗倾稳定性要求。具有以下特点：①预制、运输、安装施工工艺可以标准化，安装不需大型船机设备，靠自重和大气压力即可实施下沉施工，无噪声污染和环境污染等；②结构单元可工厂化制作、多作业面同时施工、不需要大量砂石料、施工速度快、工程造价低；③通过优化断面尺度，该新型结构可以作为岸壁结构挡淤泥，也可以作为防波堤结构挡波浪，应用前景广阔。

1.4　桶式基础结构的应用

　　连云港港徐圩港区地处淤泥质海岸开敞海域，其开发建设的关键是防波堤工程，受波浪、潮流、泥沙、地质条件、材料供应以及施工技术等因素影响，防波堤工程技术方案经综合论证，选择了斜坡堤和新型桶式基础结构直立式防波堤相结合的方案，其中近口门段 8.1km 为直立式防波堤。口门两侧分为东、西防波堤。

根据徐圩港区防波堤工程特点，通过离心模型试验、数值仿真分析、现场试验段测试等方法研究了桶式基础结构在不同工况下的受力、变位、结构稳定性，在研究结果的基础上优化完善了工程设计（图 1.7）。

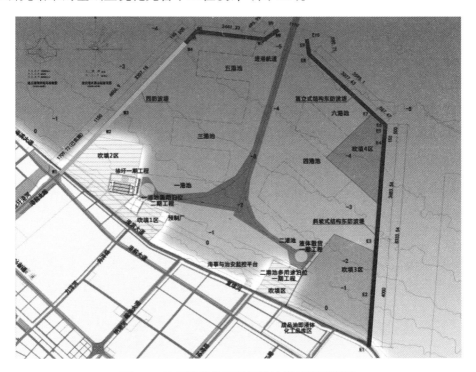

图 1.7　连云港港徐圩港区防波堤工程平面图

直立式结构东防波堤全长 4670m，其中约 1000m 兼作护岸结构，50 年一遇最大波高为 6.72m，水深 10.0m，淤泥层厚度 8.0~10.0m，含水率 65%左右，直剪快剪指标摩擦角 2.5°，黏聚力 5kPa，承载极低。采用斜坡堤结构工程造价约 9.3 亿元，采用新型桶式基础结构工程造价 7.8 亿元，后者比前者节约工程费用约 1.5 亿元。采用斜坡堤结构施工期约 4 年，采用新型桶式基础结构施工期约 2.7 年，后者缩短工期约 1.3 年。

西防波堤全长为 3440m，其中约 2700m 兼作护岸结构。建设条件与东防波堤直立式结构段相似，采用斜坡堤结构工程造价约 8.5 亿元，采用新型桶式基础结构工程造价约 7 亿元，后者比前者节约工程费用约 1.5 亿元。采用斜坡堤结构施工期约 2.5 年，采用新型桶式基础结构施工期约 1.5 年，后者缩短工期约 1 年。

新型桶式基础结构应用于徐圩港区东、西防波堤工程，验证了新结构的可靠性和安全性，发挥了桶式基础结构质量和进度可控、工程造价低、环境友好等优点[8]。

第2章 桶式基础结构关键技术

桶式基础结构充分利用地基与基础结构之间的相互作用，达到抗滑、抗倾稳定性要求，其结构设计、受力分析、理论计算较以往的直立式结构更为复杂。由于对波浪荷载—桶式基础结构—软土地基之间相互作用的研究是分析桶体稳定性的关键，因此本章对港工结构物与地基共同作用方面的国内外研究进展进行了系统的总结。详细分析了桶式基础结构在施工期、运行期不同工况的受力特点，提出采用离心模型试验、数值仿真分析、理论研究、现场试验等方法，研究新型桶式基础结构防波堤在施工期负压下沉阶段和运行期波浪荷载、填土荷载作用下的位移、内力及稳定性。

2.1 桶式基础结构的四种工况

桶式基础结构为钢筋混凝土结构，先在陆地进行单桶结构预制，结构预制完成后浮运至沉降点进行自重及负压下沉，单桶的长轴方向为海侧—港侧方向，短轴方向为整个防波堤走向，桶体预制部分下沉就位后，再将上筒现场接高至设计高程并在上筒海侧设置挡浪墙，所有上筒连接为一个整体防波堤结构。建成后，整个防波堤下桶位于地基土层内，起承担及传递波浪荷载作用，上筒部分在海水中、部分在海平面以上，起挡浪作用。

根据桶式结构在施工期和使用期所受到的外部荷载情况，其主要经历四种工况（图2.1）：

（1）陆地搬运与海上运输阶段。搬运过程需保持结构的稳定，海上浮运时候通过桶体上的通气孔向下桶隔仓内充气，使结构漂浮于水面，此时需保证结构气浮拖运的安全性和稳定性。

（2）定位下沉阶段。桶体在海上移动定位后，通过排气速度控制桶体的下沉速率，下沉过程中发生倾斜时通过不同隔仓排气量调节至水平状态，直至桶体结构自重和土体阻力平衡、结构停止下沉为止。桶体内的气体全部排出后，利用潜水排污泵从抽水孔中将桶内水体抽出，结构继续下沉，下沉过程中观测结构的侧倾情况，当结构发生倾斜时，停止或减少下沉量较大一侧隔仓中的水体拍出，使结构恢复水平，然后继续均衡抽水下沉，直至各桶内的水体全部抽出出现泥浆、桶体达到设计标高为止，桶体结构的下沉安装完毕。

（3）防波堤运行阶段。桶体下沉安装完成后，防波堤在波浪循环荷载及地基土的共同作用下保持平衡状态。

（4）桶体受港侧回填荷载作用。当桶式基础作为岸壁结构使用时，需要选择合适的港侧回填材料，设计合理的回填方式和标高，以确保结构的安全稳定。

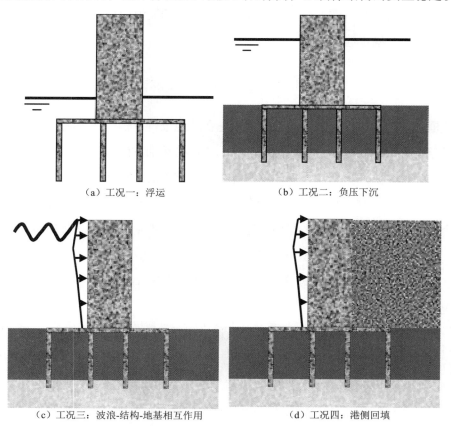

（a）工况一：浮运 （b）工况二：负压下沉

（c）工况三：波浪-结构-地基相互作用 （d）工况四：港侧回填

图 2.1　桶式基础结构防波堤典型工况

本书主要针对桶式基础结构后三种工况进行研究，通过离心模型试验、数值仿真、理论分析揭示桶式基础结构防波堤与波浪荷载及软土地基共同作用的机理，分析结构的变形与稳定。

2.2　桶式基础结构受力分析

当桶式基础结构处于负压下沉阶段、防波堤运行阶段、港侧回填阶段，桶体受到的波浪力、地基土摩阻力及侧向压力等外部荷载是影响结构内力、变位及稳定性的主要因素，其核心问题是波浪-结构-地基共同作用。由于桶式基础结构不同于传统的直壁式离岸结构，其在外部荷载作用下受力更为复杂，为开展桶式基础结构工作机理研究，本节对上述三种典型工况下桶体结构的受力状况进行分析，为制定桶体结构离心模型试验、数值仿真分析和现场监测方案提供依据。

1. 负压下沉阶段

图 2.2 为桶式结构在负压下沉阶段的受力情况示意图。负压下沉过程中桶体受到的外部荷载以竖向力为主，包括自重 G、负压荷载 T 及基础桶底端和桶侧摩阻力合力 F。

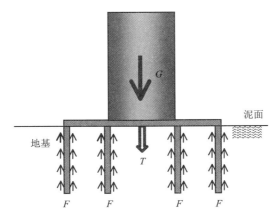

图 2.2　桶式结构在负压下沉阶段的受力情况

在自重下沉阶段，桶身自重 G 大于桶端阻力和入土桶体的侧壁摩阻力 F，当作用力和阻力平衡时,桶体不再下沉。此时需要从下桶隔仓中向外抽水抽气,让隔仓与外部大气间形成压力差,从而产生负压作用力 T,在自重和负压荷载共同作用下,桶体继续下沉,下桶贯穿整个淤泥层,进入粉质黏土层。在此过程中,桶体底端和侧壁摩阻力逐渐增大,直至桶体沉入粉质黏土层。根据下沉过程中桶体受力分析,桶端阻力、侧壁摩阻力及负压荷载是决定桶体能否顺利下沉到位的主要因素。需确定负压下沉过程中桶体的端阻力、侧壁摩阻力及摩擦系数、所需施加负压荷载的大小,分析桶体关键部分的应力变化、桶体变形与位移情况,为工程设计及施工提供技术支撑。

2. 防波堤运行阶段

桶式基础结构安装就位后,将相邻桶体连接形成防波堤。在防波堤运行阶段桶体受波浪荷载长期循环往复作用,将产生向港侧的转动,基础桶靠近港侧外壁和内壁受到来自地基土层向上作用的摩阻力,而海侧桶壁的摩阻力向下。桶体在波浪力、摩阻力、自重等荷载作用下保持地基及结构稳定。图 2.3 为桶式结构在防波堤运行阶段的受力情况示意图。

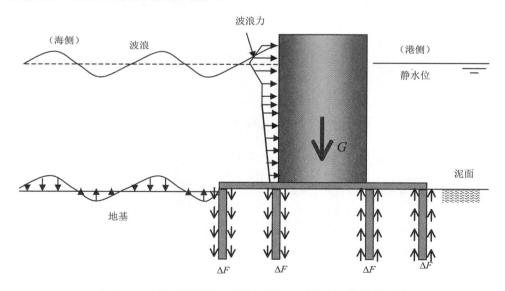

图2.3 桶式基础结构防波堤在防波堤运行阶段的受力情况

防波堤运行阶段，需防止波浪荷载长期循环往复作用引起地基土的弱化和根部淤泥质土的冲刷，导致桶式基础结构过量沉降、滑移或倾覆；避免台风、地震等极端条件下短期冲击荷载对防波堤地基和结构造成损害。本书重点对新型桶式基础防波堤在波浪荷载作用下的工作性状进行分析，探讨桶式基础结构的稳定计算方法及工作机理。

3. 港侧回填阶段

在防波堤施工阶段，桶式结构的下桶进入强度较高的粉质黏土层，桶体及桶内土体具有较强的整体刚度，可满足港侧回填时防波堤处于整体稳定状态。图 2.4 为桶式结构在港侧回填情况下的受力情况示意图。

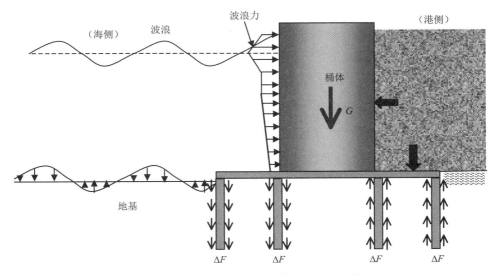

图 2.4　桶式结构在港侧回填情况下的受力情况

从图中可以看出，当港侧回填后，填土对上筒侧面的水平推力和下桶顶板的竖向压力同时作用于桶体，此时桶体的受力工况、变位及稳定性状非常复杂，下桶进入粉质黏土层的深度、桶体构造尺寸、回填材料的选择等因素都会影响桶体的稳定性，需通过离心模型试验、数值仿真分析和理论计算，考虑波浪荷载-结构-土体共同作用，研究桶体在港侧回填情况下的内力、变位及稳定性，提出合理的下桶入土深度、桶体的刚度要求及如何选择回填材料。

2.3　港工结构物与地基共同作用研究进展

桶式基础防波堤结构下桶深度范围内主要为淤泥质软土地基，桶体底部进入粉质黏土层。由于不需要对地基进行处理，在波浪荷载作用下，防波堤的稳定性主要由桶体自重及桶土之间相互作用来维持。结构位移和整体稳定是研究桶式基础结构的关键问题，而分析桶体稳定性的关键在于对波浪荷载-桶式基础结构-软土地基之间相互作用的研究。

国内外很多学者对荷载作用下结构与土之间的相互作用进行了研究，主要从理论分析、模型试验及数值模拟方面开展，研究的内容包括不同荷载条件下和不同土质条件下离岸结构的承载力问题、稳定性问题及地基土的静动力响应问题等。

2.3.1　模型试验研究进展

模型试验可分为常规缩尺模型试验和离心模型试验。

Andersen 等[9]对重力式基础受到风浪等引起的动荷载作用时地基土体的受力状况和基础稳定性进行了研究。首先对近海工程地基进行固结不排水条件下的动力试验，包括循环单剪、循环三轴压缩和拉伸试验，以此来模拟地基土体不同部位的受力状况，并把试验结果按照不同循环累积剪应变和循环剪应变的组合，体现为一系列图表，据此进行地基土单元的受力分析计算。在进行地基土体的稳定性分析计算时，采用了假设潜在滑动面的分析方法，对地基土体的不同部位，按照所假设的受力条件，进行不同累积剪应变和剪应变组合下的试算迭代，计算出滑动面上各点剪切强度和所施加的剪应力之比，把材料系数最小时对应的潜在滑动面确定为破坏面，所对应的受力状况为最不利的受力状况。根据滑动面上不同位置的受力情况，采用了循环单剪、循环三轴压缩和循环三轴拉伸三种试验方法来模拟。

De Groot 等[10]通过模型试验分析评价了波浪作用下直立式防波堤或重力式平

台地基土液化势，分析了可能出现的破坏模式以及类似海床的动力响应。

孙精石和孟祥伟等[11]通过对沉入黏性土质中大圆筒防波堤的受力分析，导出了相似比尺关系。在进行沉入式大圆筒的模拟中，应当遵守这些关系，特别是关于模型土质黏结力的处理，必须予以重视，否则将会使试验结果失真。

常规缩尺模型试验由于其自重产生的应力远低于原型，以及原型材料明显的非线性，因而不能再现原型的特性。解决这一问题的唯一途径是提高模型的自重，使之与原型等效。提高模型的自重应力水平、增大材料自重的最简便的方法就是用离心机。黄文熙曾指出："土工离心模型试验已成为验证计算方法和解决土工问题的一个强有力手段"，是"土工模型发展的里程碑"。离心机在港口工程和岩土工程研究中有着很好的应用前景。

Watson 和 Randolph[12]利用离心机进行了原直径为 12m 的桶式基础在竖向、水平荷载及弯矩荷载作用下的研究，周围土体为正常固结钙质粉土。为了探究加载速率对桶式基础竖向承载力的影响，试验过程中既考虑了不排水加载（竖向位移率为 0.575mm/s），又考虑了部分排水加载（竖向位移率为 0.01mm/s）。试验结果表明：桶式基础竖向承载力的试验测量值比理论计算值偏高。Randolph 等还利用离心机模型试验模拟了 Timor 海上的两处油田的浮动平台的桶式基础在动静水平荷载作用下的承载能力和水平位移。土的原位不排水抗剪强度随深度按 2kPa/m 的速率增加，土层表层的抗剪强度为 10kPa。试验结果表明：当荷载达到最大值以后，土体出现应变软化现象，此时桶体后侧出现裂缝，从而导致了负压吸力的消散；当荷载循环次数超过 30~300 次，桶体的水平位移为 0.45m。

在国内，南京水利科学研究院与华东水利学院（河海大学前身）率先开展了土工离心模型试验工程应用研究，并于 1982 年进行了国内首次土工离心模型试验。

徐光明等[13]对沉入式大圆筒结构码头进行了离心模型试验，研究了沉入式大圆筒的深高比、径高比和筒壁摩擦作用对工作性状的影响规律，还尝试测定了大圆筒侧壁土压力分布，探讨了码头面沉降发展的趋势特征。指出由于筒体下部有一定长度嵌入港池泥面以下地基土层中，因此其工作机理不仅不同于其他挡土岸壁式码头，而且也有别于基床式大圆筒结构码头。嵌入港池泥面以下地基土层中的筒体埋深对于减少码头位移量和提高码头稳定性功效显著，在一定范围内加大筒体直径能有效改善码头的工作性状，但超过一定限度效果就不太明显。筒壁的摩擦作用在一定程度上有助于阻止码头水平位移的发生，对码头稳定性的增强也起到一定的作用。试验量测结果表明，大圆筒筒体后壁上的土压力实测分布与朗肯主动土压力理论分布相当接近，再次证实根据大圆筒筒体位移规律来推测确定筒侧土压力分布的合理性。

张建民等[14]采用物理模型试验评价了实际海岸岩土-结构系统在不同工况下的变形与强度稳定性及其变化；介绍了针对防波堤土工织物加筋垫层作用机理进行了研究，介绍了黄骅港外航道防沙堤工程、上海洋山港浅置式大圆筒结构试验段工程的安全性评价成果，初步展现了物理模型试验与数值模拟方法在海岸岩土工程的机理研究、方案论证、结构与施工优化、结构安全性评价等方面所发挥的重要作用。

张建红等[15,16]运用电磁式激振器进行了粉砂地基上水平动荷载作用下大直径桶式基础的离心模型试验，研究长历时动荷载作用下基础和地基的变形和破坏形式以及荷载强度和基础刚度对地基变形特征的影响。研究表明，水平动荷载作用下，4.8m 直径的不同基础高度桶式基础周围孔隙水压力最大值出现在泥面以下 $0 \sim 1.5$m，而后又随埋深降低。水平动荷载作用下基础有两种可能的破坏模式：激振最初 $1 \sim 2$h 内的桶式基础周围土体液化破坏和长时间激振后沉降过大引发的问题。低荷载下，土体以剪缩为主，孔隙水压力上升至稳定值，液化可能性非常小。当动荷载峰值为静承载力的 70%时，土体先剪缩后剪胀，浅层土体的动孔压比已经接近 1，液化可能性非常大。基础刚度增加能够有效增强基础的稳定性。

蒋敏敏、蔡正银等[17]利用离心模型试验研究了新型箱筒型基础防波堤在水平静荷载作用下的工作性状和稳定性。通过在箱筒型基础防波堤上的波浪荷载合力作用点处施加水平静荷载直至达到极限状态，得到水平静荷载作用下防波堤的位移和地基土体中超静孔压响应。试验结果表明：设计荷载作用下防波堤结构的位移较小，荷载达到约 2.2 倍设计值时，荷载-位移曲线出现拐点。当荷载达到约 3

倍设计值时达到极限状态，防波堤发生向港侧的水平位移、港侧基础筒下沉、海侧基础筒上升并向港侧倾斜；荷载作用下港侧基础筒周围土体中的孔压增大，海侧基础筒周围土体中的孔压降低，港侧基础筒内的超静孔压始终大于筒外的超静孔压。荷载较小时，海侧基础筒内的负超静孔压大于筒外的负超静孔压。而荷载较大时，筒内的负超静孔压略小于筒外的负超静孔压。

封晓伟[18]以天津港原状软黏土为研究对象，通过室内试验手段研究半圆体沉箱、筒型基础等港口结构物地基土在波浪作用下的强度软化特性及其稳定性分析方法。根据推算的软黏土抗剪强度指标，提出了箱筒型基础防波堤稳定性的简化分析方法。

2.3.2　数值分析进展

圆筒结构是一个空间圆柱形壳体结构体系，并且与地基土体共同作用，受到的荷载也非单向的、均一的，甚至为非静态的，解析求解几乎是不可能的，因此国内外许多学者通过有限元等数值分析方法研究桶式结构的变位及承载特性。

Sukumaran 等[19]采用有限元分析方法求解软黏土中吸力式桶式基础在不排水条件下的承载力，对软黏土采用 Mises 屈服准则的弹塑性模型。根据桶体实际破坏模式的三维特性，采用加密的三维模型进行分析，并提出用准三维的 Fourier 分析代替真三维分析，从而改善计算效率，而且二者结果符合得很好。计算结果还表明杂交有限元公式和基于位移的有限元公式均适用，但如果采用减缩积分技术，一般要求计算时用基于位移的有限元公式。

Supachawarote 等[20]利用有限元软件 ABAQUS 对吸力式沉箱基础的承载特性进行了分析，通过 Swipe 位移加载方式和固定位移比对基础进行加载，给出了不同长径比情况下吸力式沉箱基础的承载力破坏包络面，并探讨了荷载施加作用点与吸力式沉箱基础极限承载力的关系。

范庆来[21]利用 ABAQUS 有限元软件，采用线弹性模型将波浪荷载假设为静力单调荷载，采用拟静力方法建立极端波浪荷载条件下软土地基上深埋式大圆筒结构的极限承载力有限元计算模型以进行筒体稳定性及承载力研究。进一步，范庆来等[22]采用基于 Hill 屈服准则的理想弹塑性模型，对横观各向同性的软土地基上大圆筒结构进行了三维分析，假定在筒体内中轴线上存在一个转动中心，桶体绕转动中心发生转动失稳，在土体顶面附近形成破坏楔体，在筒体底部形成一个球形滑裂面，从滑裂面的能量耗散率的角度，提出一个考虑单面破坏机制与双面破坏机制的各向异性软土地基上大圆筒承载力的极限分析上限解法。

王建华等[23]和李驰等[24]通过循环三轴试验研究了长期循环荷载下软土的不固结不排水特性。试验结果发现软土的循环强度受静应力的影响，当循环周数达到 5000 周或 10 000 周时土体破坏则为循环疲劳强度，软土不固结不排水循环破坏遵循 Mises 准则。复合应力状态下土单元的循环强度可通过循环三轴试验和 Mises 准则来确定。根据循环强度理论采用拟静力的弹塑性有限元计算软土地基上的单桶基础、多桶基础的承载力，并考虑了各土体单元循环承载力的差异。承载力计算结果表明循环承载力受到静荷载的影响。

武科等[25,26]采用基于 Mises 屈服准则的理想弹塑性模型，对饱和海洋土地基上吸力式桶式基础的多桶组合结构承载特性进行了数值分析。通过位移控制法确定多桶结构的承载力，计算结果表明，桶间距对于双桶基础地基力矩方向上的承载力影响最显著，双桶基础的水平、弯矩承载力不等于两个单桶基础承载力的相应叠加，但竖向承载力可以近似叠加。

王志云等[27]应用 Andersen 对重力式基础和地基所建议的分析方法，将软土的循环强度与 Mises 屈服准则相结合，假定地基土体中某点的广义剪应力与循环三轴或直剪试验中的等效剪应力一致。采用拟静力方法，通过数值分析研究了循环加载模式下吸力式沉箱的抗拉拔承载特性，确定了循环加载模式下吸力式沉箱的循环承载力及破坏包络面，并与单调加载作用下沉箱基础的极限承载力及其破坏包络面进行对比。结果表明，当考虑荷载的循环特征与软土的循环软化效应时，沉箱基础的循环承载力发生显著降低。当水平荷载和竖向拉拔荷载分别单独作用时，沉箱基础的循环承载力破坏包络面始终比极限承载力破坏包络面小。

范庆来等[28]基于软黏土的循环强度理论，在 ABAQUS 平台上，通过二次开发将 Duncan-Chang 非线性弹性应力-应变关系与 Mises 屈服准则结合，建立一个非线性弹塑性的土体本构模型，基于拟静力分析方法，建立了大圆筒结构基础形式的循环承载力计算模型。计算结果表明，当考虑波浪荷载所引起的软黏土循环软化效应时，地基的循环承载力比不考虑软化效应时的极限承载力显著降低。同时，当考虑循环软化效应时，采用非线性弹塑性模型计算的浅基础竖向承载力系数比理想弹塑性模型的计算结果明显降低。

栾茂田等[29]通过有限元数值模拟研究了桶式基础在复合加载模式下的循环承载特性。应用 Andersen 等对重力式平台基础及地基所建议的分析方法，根据软黏土的循环强度概念，将软土的循环强度与 Mises 屈服准则结合，针对吸力式桶式基础，通过有限元二次开发，建立了基于拟静力分析的复合加载模式下循环承载性能的计算模型，并与复合加载作用下极限承载性能进行了对比。计算结果表明，桶式基础在单向循环荷载作用下循环承载力性能随着循环周数的增加而降低，同时单向单调加载作用下桶式基础的循环承载力比极限承载力显著降低；桶式基础在循环复合加载模式下的地基破坏包络面位于复合加载模式以内，两者的变化趋势基本相似，并且破坏包络面随着循环次数增加而缩小；在循环复合加载下，随着破坏循环次数的增加，桶式基础及地基中等效塑性应变增大。

王刚等[30]利用有限元软件 MARC 采用 Mohr-Coulomb 模型对单筒和圆筒墙进行了有限元分析，文中通过求解大圆筒结构在指定条件下的荷载-位移曲线，然后通过关系曲线的上限确定结构的极限承载力，通过定义极限承载力与设计荷载的比值，考察了单圆筒及圆筒墙的抗倾覆稳定系数。

刘树杰等[31]采用 Mohr-Coulomb 弹塑性本构模型对单向荷载作用下软土地基上三桶结构的风机基础承载特性进行了数值分析。文中采用位移控制方法对桶体进行加载。计算结果表明，桶间距对桶体的水平及力矩极限承载力影响显著，而且多桶结构的水平与力矩极限承载力不能用单桶结构的极限承载力进行叠加。

肖忠等[32]采用 D-P 模型对筒型基础防波堤进行了数值分析，提出了极限承载力、基于 p-s 曲线出现较明显拐点、基于允许变位及基于桶底脱离临界点的桶体稳定性的四个判别标准。

罗强等[33]在 Drucker-Prager 本构模型基础上，采用能反映非共轴现象影响的一个切向于屈服面的塑性应变增量和与其相对的非共轴塑性模量，即角点结构理论的非共轴模型，对砂土地基吸力式桶式基础承载力进行了数值计算。计算结果表明，非共轴模型对桶式基础地基的整体剪切破坏模式没有影响，但剪切破坏区域内土体的主应力方向在加载初期的旋转幅度较大，随着加载进行趋于稳定，而且非共轴模型对地基承载力的软化作用影响显著。

李武等[34]利用 PLAXIS 有限元软件，采用 Mohr-Coulomb 模型对带隔仓的桶式基础防波堤进行了三维有限元分析，探讨了土体参数、桶体埋深对桶体稳定性的影响。

李驰和刘振纹[35]考虑桶-土-结构的相互作用，对软土地基上桶式基础平台的地震响应进行了三维有限元数值模拟，文中用弹簧-阻尼体系模拟土体的动力特性。

刘海笑和王世水[36]将改进的哈丁模型引入等效线性方法，使模型能反映荷载频率、循环周次及土体平均有效应力等因素影响，通过数值模拟分析软土地基中结构-波浪-海床系统的破坏机理。计算结果表明，改进的哈丁模型可考虑循环荷载作用下土体软化，循环动荷载作用下，结构位移较标准哈丁模型大，其结果也更与模型试验接近，当荷载循环一定周次后，结构位移变化。

刘锟[37]通过桶式基础的模型试验得到地基循环积累变形与蠕变有相似的规律，然后基于软黏土的蠕变理论，将桶式基础循环积累变形等效为土体的蠕变变形。最后在三维数值计算中，按加、卸载幅值计算循环应力，通过蠕变计算程序计算桶式基础的循环积累变形。

2.3.3 理论研究进展

在桶式结构稳定性计算中，常常引入一个假想的垂直平面来代替桶式结构的连拱形墙面。周在中等[38]和刘建起[39]将大圆筒结构墙背填土自重产生的主动土压力按库仑主动土压力乘以曲面折减系数 0.65，地面超载产生的主动土压力按库仑主动土压力乘以曲面折减系数 0.48~0.55。

王元战[40]通过对沉入式大直径圆筒结构与土相互作用原理分析，提出了作用于筒体上土压力分布的一种计算假设，并与模型试验结果进行了比较。他认为，在筒后回填土及地面超载作用下，筒体将发生变位，该变位可用绕筒轴线上某点 A 的转角 θ 来表示，由此可确定土压力的大小和分布以及相应的筒体位移。

2.4　桶式基础结构关键技术研究内容与方法

新型桶式基础结构防波堤的受力状态比大圆筒、吸力锚、圆形桶结构更为复杂，在结构设计、理论计算过程中，考虑波浪荷载-结构-地基土及回填土之间的共同作用。在模型试验方面，由于这种桶式基础结构为带隔仓的薄壁结构，模型制作较为困难，需借助能够模拟结构真实应力状态的土工离心机进行模型试验，同时对地基固结状态、波浪荷载的模拟、测试系统等进行有针对性的设计；在桶式基础结构数值仿真技术方面，需要建立波浪-结构-地基共同受力及变位的计算模型，对土体采用更为合理的本构进行分析，寻求更合理的结构与土体接触算法。

本书通过室内离心模型试验、有限元数值分析、现场原位试验等手段对上述问题进行研究。主要内容包括：

（1）在室内离心模型试验中，通过研制一种大行程作动装置，模拟桶式基础下沉过程中真空吸力所产生的向下作用力，对单桶多隔仓基础结构在入土下沉过程中下桶壁及隔板与地基土摩擦所形成的侧壁摩阻力和总阻力发展变化情况开展研究，得到结构与地基土的摩擦系数，探讨桶体下沉过程中外桶壁和内隔板中应力应变的变化情况。同时还研究了防波堤在港池单侧回填荷载作用下桶式结构位移变形模式和稳定破坏模式。

（2）利用大型有限元软件 ABAQUS 作为分析平台，建立了单桶多隔仓基础结构防波堤三维有限元模型，得到新型桶式基础防波堤在波浪荷载及填土荷载作用下结构内力、变位及地基土体的应力应变，研究桶式基础结构在负压下沉、防波堤受波浪荷载长期作用及岸壁结构受港侧不同回填材料引起侧向荷载作用下的变形与稳定情况。

（3）通过原位试验观测结果得到了负压下沉中结构内外力和变形随时间的变化

规律以及波浪长期荷载作用下土压力和孔隙水压力随时间的变化规律，分析了下沉过程中的端阻力和摩阻力变化情况，得到了摩擦系数的变化范围，与离心模型试验结果进行对比，进一步揭示了桶式基础结构在下沉施工中和波浪荷载作月下的工作性状。

第3章 桶式基础结构离心模型试验技术

土工离心模型试验作为港口工程结构开发、结构与地基相互作用研究最有效的技术手段之一，试验原理的核心是借助离心机高速旋转为模型创造一个与原型应力水平相同的应力场，最终恢复原型实际工程中的自重应力水平。对于桶式基础结构防波堤离心模型试验，地基土层固结状态的精准再现、波浪荷载和下沉荷载的模拟、试验仪器的精度和结构的量测水平都是影响试验可靠性和准确性的重要方面。本章介绍了自主研制的适合大中型离心试验模型箱的黏土固结仪，用于地基土层的模拟，显著提升了黏土地基土样制备质量，实现港口工程离心模型试验地基土层的准确模拟；拟静力波浪荷载模拟装置、循环往复波浪荷载模拟装置和超重力造波机系统，实现了港口工程结构物所承受的波浪荷载作用模拟；数据采集系统、图像采集系统和微型测试传感器等量测技术，整体提升了港口工程离心模型试验测试水平。

3.1 土工离心试验

3.1.1 土工离心模型的基本原理[41]

对于港口、水利等工程中提出的新型结构，在应用于重大工程之前需进行模型试验验证，一方面验证结构的安全性，另一方面优化设计和施工中的参数。成功的物理模拟必须能够复制原型问题的土体应力水平。在地面上 1g（g 为重力加速度）条件下进行常规小比尺的物理模型试验，土体和其中的结构物中的自重应力水平远远低于原型实际工程中的自重应力水平，模型的性状不能很好地反映原型的性状。所以，开展更有价值的土工物理模型试验研究，首先必须使模型中的土体和其中的结构物的应力水平与原型相等。满足这一前提条件的途径之一就是将模型置于特制的离心机中，使 $1/n$ 缩尺的模型承受 $n \cdot g$ 离心加速度的作用（此受力环境称为 n 倍重力加速度的超重力场），这样，模型土体和其中的结构物中的应力水平就等同于原型中的应力水平。换言之，土工离心模型试验原理的核心就是借助离心机为模型创造一个与原型应力水平相同的应力场。

土工离心模拟是将缩小尺寸的土工模型置于高速旋转的离心机中，让模型承受大于重力加速度的离心加速度作用，补偿因模型缩尺带来的土工构筑物的自重损失。在一般静力试验中，人为提供相当于重力加速度 n 倍的离心加速度，以此来增加模型重力场，其中 r 为模型中任意一点距转动中心的距离。土工模型表面处应力为零，内部土体的应力随深度变化，变化率与离心加速度成正比。如果模型采用与原型相同的土体，那么当离心加速度为 n 倍的重力加速度时，模型深度 h_m 处土体将与原型深度 $h_p = nh_m$ 处土体具有相同的竖向应力：$\sigma_m = \sigma_p$。这是离心模拟最基本的相似比原理，即尺寸缩小 n 倍的土工模型承受 n 倍重力加速度时，模型土体应力与原型相似。需要说明的是，由于离心加速度是随离心半径而变化的，模型土体的应力分布会与原型产生一定的误差，但是这种误差会随着离心机臂长的增加而减小。

目前，土工离心模型试验技术作为一种最有效的物理模型试验方法，几乎涉及了土木工程的所有领域，成为岩土工程技术研究中最先进、最主要的研究手段之一。国内外几十年的研究经验表明，离心模型试验技术在岩土工程领域的作用可归纳如下：①工作机理和破坏机制研究；②设计参数研究；③计算设计方法和方案的验证、比选；④验证数学模型和数值计算成果。

3.1.2 离心模型试验设备

1931 年，美国建造成世界上第一台土工离心机，苏联在同期发展和推广了这一先进的测试手段，其后，英国、美国、法国、日本等发达国家相继开发了土工离心模型试验。

我国土工离心机研制和发展始于 20 世纪 70 年代末，在我国土力学奠基者黄文熙先生的大力倡导下，南京水利科学研究院首先在 1982 年改造一台 20gt 光弹离心机，开创了我国土工离心模型试验的先河。30 多年来，我国土工离心模型试验技术取得了长足的进步。1991 年，南京水利科学研究院、中国水利水电科学研究院分别建成了 400gt 和 450gt 大型土工离心机，长江科学院、清华大学、浙江大学、成都理工大学、大连理工大学、同济大学、香港科技大学都相继建成了大型土工离心机。截至 2015 年，我国土工离心机数量已经有 24 台，其中容量超过 50gt 的大中型离心机有 20 台，见表 3.1。

表 3.1　中国土工离心机技术性能一览表（截至 2015 年）

序号	单位	旋转半径/m	最大加速度/g	最大容量/gt	建成时间/年
1	长江科学院	3	300	150	1982
2	南京水利科学研究院	2.25	250	50	1989
3	中国水利水电科学研究院	5.03	300	450	1991
4	南京水利科学研究院	5.5	200	400	1992
5	清华大学	2	250	50	1992
6	香港科技大学	4.0	150	450	2001
7	西南交通大学	2.7	200	100	2002
8	长安大学	2.7	200	60	2004
9	同济大学	3.5	200	150	2007
10	重庆交通大学	2.7	200	60	2006
11	长沙理工大学	3.5	150	150	2007
12	浙江大学	5.0	150	400	2008
13	长江科学院	3.7	200	200	2008
14	南京水利科学研究院	2.0	200	60	2009
15	成都理工大学	5.0	250	500	2009
16	大连理工大学	0.7	600	600	2007
17	中国地震局工程力学研究所	5.0	100	300	2010
18	天津水运工程科学研究院	5.0	250	500	2014
19	中交天津港湾工程研究院	4.0	200	200	2015
20	郑州大学	5.0	300	600	2015

3.1.3　相似律

土工离心模型试验中一个重要的内容就是模型相似律问题，离心模型试验中的各项参数应与原型有一定的相似关系，才能保证模型反映原型的性状，这种相似关系称为比尺关系。比尺关系可以通过物理方程或量纲分析确定下来。土工离心试验中各种模拟量的比尺，可由 3 个基本物理量相似比尺组成，即长度量纲[L]比尺为 $1/n$，应力量纲[σ]比尺为 1，加速度量纲[a]比尺为 n。通过量纲分析或者方程分析法可导出其他物理量比尺。Fuglsang 和 Ovesen 根据土工离心模型试验的需要，已经总结了若干工程问题中常见参数的比尺关系。

离心试验中，n 为模型比尺，即把模型缩小到原来的 $1/n$，把模型的离心加速度增加到重力加速度的 n 倍，实现用模型体现模拟原型的目的。离心模型试验中模型与原型主要物理量的关系见表 3.2。

表 3.2 离心模型试验中主要物理量的相似律[42]

分项内容	物理量	量纲	原型与模型比值
几何尺寸	长度, l	[L]	n
材料性质	密度, ρ	$[ML^{-3}]$	1
	黏聚力, c	$[ML^{-1}T^{-2}]$	1
	内摩擦角, ϕ	[1]	1
	抗弯刚度, EI	$[ML^3T^{-2}]$	n^4
	抗压刚度, EA	$[MLT^{-2}]$	n^2
外部条件	加速度, a	$[LT^{-2}]$	$1/n$
	集中力, F	$[MLT^{-2}]$	n^2
	均布荷载, q	$[ML^{-1}T^{-2}]$	1
	力矩, M	$[ML^2T^{-2}]$	n^3
性状反应	应力, σ	$[ML^{-1}T^{-2}]$	1
	应变, ε	[1]	1
	孔隙水压力, u	$[ML^{-1}T^{-2}]$	1
	位移, s	[L]	n
	动力时间, t	[T]	$1/n$
	频率, f	$[T^{-1}]$	n
	周数, N_t	[1]	1

3.2　模型制作及加载、测量系统

3.2.1　桶式基础结构离心模型制作

模型试验在南京水利科学研究院中型土工离心机 NHRI-50 gt 上进行（图 3.1），该离心机主要技术性能指标为：①有效旋转半径 2.25 m；②最大离心加速度 250 g；③模型箱净空尺寸 685 mm×350 mm×450 mm（长×宽×高）；④容量 50 gt。

图 3.1　南京水利科学研究院 50gt 离心机

根据桶式基础结构防波堤断面几何尺寸，并结合考虑上述离心机及其模型箱尺寸等因素，选定模型几何相似率 n 为 80。

桶式基础防波堤结构是钢筋混凝土预制件，若缩小后的模型仍采用钢筋混凝土制作，则细部结构尺寸难以控制精确，另外，在尺寸很小的混凝土模型上粘贴应变片进行测量也非常困难，试验结果的准确性难以得到保证。因此，在模型试验中用与其密度相近的铝合金替代混凝土墙板。桶身外围周长和高度仍按几何相似比尺制作，但由于模型和原型的材料模量不同，因此，需对桶壁、盖板和内隔板截面作修正。桶式基础防波堤是一种薄壳结构，需要承受横向波浪荷载的作用，故表现为抗弯构件，因此，截面修正按等效抗弯刚度理论进行，公式如下：

$$E_p I_p = E_m I_m \times n^4 \tag{3.1}$$

式中，下标 m、p 分别代表模型和原型受弯构件；E 为材料弹性模量；I 为受弯构件的截面惯性矩：$I = bd^3/12$；n 是模型率，模型受弯构件的截面抗弯刚度 $E_m I_m$ 应是原型的抗弯刚度 $E_p I_p$ 的 $1/n^4$。

桶式基础结构原型桶壁厚度 0.3m，弹性模量 E_p 为 30GPa，制作模型的铝合金弹性模量 E_m 为 70GPa。经计算，模型桶体的盖板和外壁厚度应为 3.8mm，实际选用厚度 4mm 铝合金板制作，内隔板厚度应为 2.8mm，实际选用厚度 3mm 铝合金板制作。

在模型桶式基础的盖板上设置 9 个可开启可密封的气孔与 9 个隔室相联系，在下沉过程中打开这些气孔，而在基础就位后密封这些气孔，让桶体与地基土体发挥联合抵抗荷载的作用效果。

图 3.2 是按模型几何比尺 $n=80$ 设计的单桶多隔仓基础防波堤结构图。

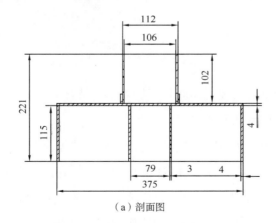

（a）剖面图

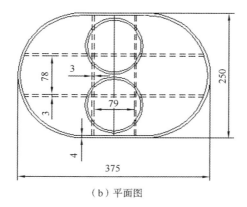

（b）平面图

图 3.2　桶式基础防波堤模型结构图（单位：mm）

3.2.2　地基土层制备

原型地基土层自上而下依次为：淤泥层、粉质黏土层、粉砂层。淤泥层和粉质黏土层的平均层厚分别为 9.13m 和 4.26m，容重分别为 15.8kN/m³ 和 19.2kN/m³，不排水强度分别为 19kPa 和 60kPa。粉砂层的容重为 20.0kN/m³，干密度为 1.70g/cm³，较为密实。

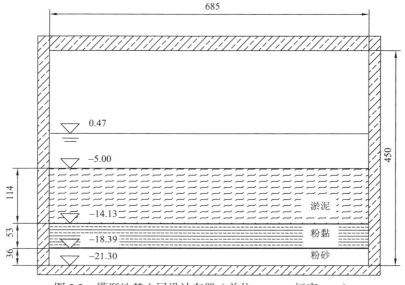

图 3.3　模型地基土层设计布置（单位：mm；标高：m）

模型地基用原型扰动土样自下而上逐层重塑而成，如图 3.3 所示，其中上层淤泥层厚约 114mm，中间粉质黏土层厚约 53mm，下层粉砂层厚约 36mm。用排水固结法制备淤泥层和粉质黏土层时，粉砂层发挥排水层的作用，缩短制备时间。

为了制备大尺寸软黏土土样，专门研制了大尺寸土样固结仪，如图 3.4 所示，这样，所有的模型地基均利用大型土样固结仪在地面上进行分级加载固结制备。

具体制备过程如下，首先采用砂雨法制备粉砂层。将一种粉细砂土料自然风干，然后借助多孔砂漏斗，将其成层撒落在模型箱内，在由下而上制备过程中，始终保持落高相同，以控制模型地基土层上下密度均匀一致。选用的落高是根据设计干密度事先通过试验确定的。

图 3.4　模型土样固结仪

其次，采用预压排水固结法依次制备粉质黏土层和淤泥层。将取自原型现场的粉质黏土制成泥浆，缓慢注入模型箱内，静置一周后，自然沉积于粉砂层上，并逐渐形成具有一定强度的泥层。然后，将盛装泥层的模型箱安装到大型固结仪上。逐级加载固结。期间，即在土层固结过程中，使用袖珍贯入仪监测其不排水强度的发展，直至满足预先设定的强度值要求，这一过程通常需要 2~4 周。按同样的程序制备淤泥层，由于土层厚达 114 mm，这一过程通常需要 5~7 周。图 3.5 是所制备的地基淤泥层（模型 LSM1）的原位不排水强度剖面图，图中圆点代表袖珍贯入仪试验的强度实测值，虚线为实测点的拟合线，该层土原位强度均值接近工程区段淤泥层的强度值 19 kPa。

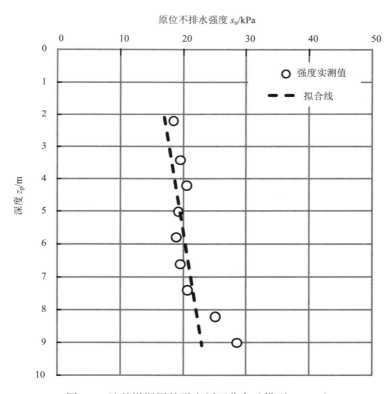

图 3.5　地基淤泥层的强度剖面分布（模型 LSM1）

3.2.3　离心试验加载系统

1. 大行程作动加载装置

为了在高速旋转的离心机运转环境中进行负压下沉贯入过程的模拟，新研发了一种大行程作动加载装置。待模型下桶自重下沉后，由该静力作动加载装置给模型防波堤结构施加下推作用力,促使模型桶体按一定速率贯入模型地基土层中。图 3.6、图 3.7 分别为新研制的大行程推力作动装置示意图和实体图。该装置由步进电机驱动蜗轮转动,滚珠丝杠推动模型下桶基础,产生推动力。该装置以应变控制方式工作,推动速率恒定。其速率由单片机控制,推进速率设定范围为 0.02~8mm/min,无级变速。试验时大行程作动装置的推进速率设定为 6.00 mm/min。该装置最大推力可达 10kN。

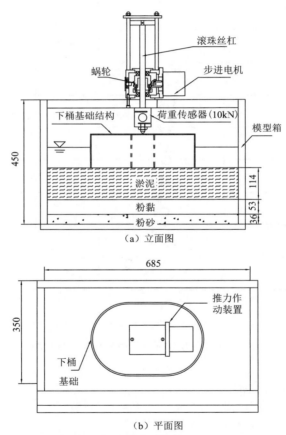

（a）立面图

（b）平面图

图 3.6 大行程作动加载装置示意图（单位：mm）

图 3.7　大行程作动加载装置实体图

2. 拟静力作动加载装置

为了研究模拟波浪的静荷重作用下防波堤与地基相互作用的问题，研制了在离心试验中对结构施加水平力的拟静力加载装置，模拟静态水平力对桶式基础结构的作用，如图 3.8 和图 3.9 所示。该静力作动加载装置可在 80g 高重力场中工作，且离心加速度方向与静力作动加载装置所输出水平作用力方向正交。

为了让荷重传感器准确测量作动器所施加的水平力，设置了传感器导向支座托住荷重传感器，避免传力杆在高重力场中受传感器自重而产生过大的挠度（图3.8）。

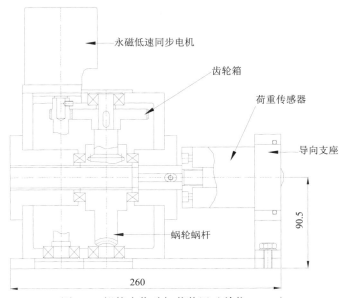

图 3.8　拟静力作动加载装置（单位：mm）

研发的拟静力作动加载装置主要由以等应变速率模式施加水平力的作动器和荷重传感器构成，作动器驱动源是速率为 60mm/min 的永磁低速同步电机。作动器采用了机械减速和螺旋升降结构传递荷载。整个加载装置组装后，采用高强度螺栓与模型箱连接固定。

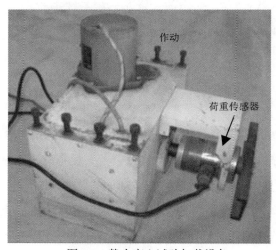

图 3.9 静力离心试验加载设备

3. 循环波浪荷载模拟器

在离心模型中，一般采用离心机振动台模拟频率较高地震荷载作用，而对于频率较高波浪动荷载作用的模拟，目前有两种途径。一是采用离心机造波机直接模拟波浪荷载作用，较适合模拟研究波浪对海地管线影响之类的问题。二是采用专门的循环往复荷载作动装置，间接模拟波浪荷载作用，较适合模拟研究波浪对迎浪结构物作用影响等问题，常见的有采用伺服电动机或电磁激振器模拟波浪力的往复作用。在桶式结构模型试验中，基于电磁激励器原理研制开发了一套非接触式循环波浪荷载模拟器系统，它的特点是能避免普通电磁激振器与结构物难以连接的问题，同时能施加较大幅值的规则循环波浪荷载。

新研制的循环波浪荷载模拟器是基于双电磁激励器的推挽作用，提供相差为 180°正弦波（半波）式往复作用力，图 3.10 是加载机构及其控制示意图[43]。该系统采用衔铁传力机构，以非接触方式给模型箱筒型基础防波堤施加往复作用力，这样，无其他约束力传递给防波堤。该装置提供频率范围在 5~20 Hz 循环往复作用力，波浪合力峰值可达 1200 N。

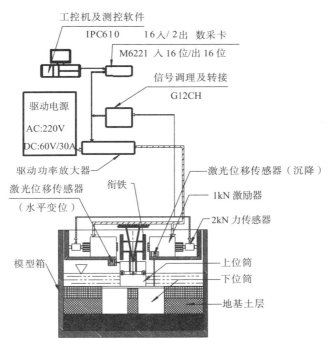

图 3.10　波浪力动态模拟装置及控制与测量原理图

3.2.4　离心试验模型测量系统

桶式基础在不同工况下受到的外力、产生的变位及结构应力等，可以通过数据采集系统和布设在模型中的传感器测量单元按一定采样速率采集、转换、读取。NHRI 50gt 中型土工离心机配备有 45 路信号滑环、20 路功率滑环和 2 路视频滑环。用于盛放模型土体的模型箱的一块侧板为透明航空有机玻璃板，其他侧板、底板和顶盖均为高强度铝合金板。透明侧板是观察模型的窗口，在整个试验运行过程中，还可借助 CCD 摄像闭路电视系统，在控制室实时监测模型变形的发展变化[44]。

离心机数据采集系统提供 60 个传感器信号测量通道，其中 40 路用于测量应变信号的物理量，20 路用于测量电压信号的物理量。每通道采样速率设定为每秒 1 次。另外，在循环波浪荷载模拟器系统中还配备了一块 16 路高速数据采集卡，用于采集动态离心模型试验中的传感器数据信号，每个通道采样速率设定为每秒 1000 次，以保证有足够的数据点来捕捉和描述每个波的特性及强弱大小。

1）外力测量

在大行程推力作动装置的推力作动端安装一只 S 形荷重传感器测量下沉阻力，通过拟静力波浪荷载加载装置自带的荷重传感器测量波浪力；对于采用等效往复周期荷载模拟波浪作用试验，波浪合力的幅值由循环波浪荷载模拟器的荷重传感器和控制器设定控制。

2）位移测量

利用模型箱顶盖安装固定 2 只应变式位移传感器用于测量下桶基础贯入位移量，其型号为 YHD-150，量程是 150 mm，传感器的活动触点置于下桶盖板面上。在上筒顶面安装 2 只位移传感器测量桶体水平位移。

3）应力测量

测量桶壁和隔板应力的方法是在桶壁和隔板两侧分别粘贴 5mm×3mm 箔式电阻应变片，其电阻值为 350 Ω±0.35Ω，每组 4 片，构成全桥电路。

4）地基孔隙水压力测量

在靠近桶体的淤泥层内预埋 4 只孔隙水压力传感器，测量下沉贯入过程中地基土层的孔压变化。

3.2.5 试验程序

离心试验步骤如下：

（1）制作桶式基础防波堤结构模型、粘贴应变片、率定传感器，制备防波堤地基模型。

（2）在制备好的模型地基土层中央放置下桶模型，下桶盖板上的透气孔均保持畅通状态，并稍稍压入淤泥土层几毫米。

（3）根据试验工况模型箱上安装加载装置和传感器。在模拟负压下沉过程时，在模型箱中安装大行程竖向荷载加载装置和大量程位移传感器。在进行波浪荷载模拟试验时，则要在模型防波堤结构上部安装波浪荷载模拟作动装置。

（4）整个模型移置在离心机吊篮平台中并按设计加速度运转，离心机由 1 g 分级加速至 80 g，每级 10 g，恢复地基土体原有的自重应力场。期间，下桶基础在自重作用下会自然沉入淤泥土层中，到达一定深度后保持稳定。接着启动加载装置，以下沉试验为例，离心机稳定在 80 g 时启动竖向荷载加载装置，按预先设定的等应变加载速率让推力作动端向下行进，当它与下桶盖板接触后，给下桶缓缓施加竖向下沉作用力，促使桶体继续向下贯入地基土层，直至桶底达到所设定标高位置。

（5）自动记录传感器数据。通过数据采集系统和布设在模型中的传感器测量单元记录桶体施加的水平波浪力、竖向力、桶壁和隔板应力、地基内孔隙水压力等。

（6）试验成果分析。试验结束后，对试验资料和数据误差进行分析，评价试验成果，按照离心模型试验相似率，推算原型结构的试验结果。根据试验得出的结构外力、变位及结构应力分析桶式基础防波堤及岸壁结构在各种工况下的内力、变位及稳定性状。

第4章 不同工况下桶式基础结构离心模型试验

本章利用超重力场中的离心模型试验研究了桶式基础结构在负压下沉、波浪荷载、回填荷载作用下的受力特性，分析了下沉过程中的贯入阻力和结构关键部位的应力变化、波浪荷载浪作用下桶式基础结构的沉降、水平位移和倾角变化。通过港区不同回填材料对结构稳定性的影响实验，提出了桶式基础作为岸壁结构时的设计参数和施工方案建议。

4.1 下沉过程桶式结构受力特性试验研究

4.1.1 试验方案

负压下沉模型试验主要步骤如下：在模型箱中安装大行程竖向荷载加载装置和大量程位移传感器。将模型置于离心机中按设计加速度运转，恢复地基土体原有的自重应力场。随后启动竖向荷载加载装置，按预先设定的等应变加载速率，给桶式基础结构缓缓施加竖向下沉作用力，促使桶体沉入地基，进行桶式基础下沉阻力测试，直至桶底达到所设定标高位置。

试验成果是通过模型试验数据采集系统和布设在模型中一系列传感器测量单元按一定采样速率读取、变换和采集获取的。模型以及测量传感器的布置见图4.1。其中下沉阻力由大行程竖向荷载加载装置自带的荷重传感器量测；水平变位测点2个，沉降测点2个。桶壁和隔板应力的测量方法如下：在下桶桶壁和隔板两侧分别粘贴 5mm×3mm 箔式电阻应变片，其电阻值为 350Ω±0.35Ω，每组4片，构成全桥电路。

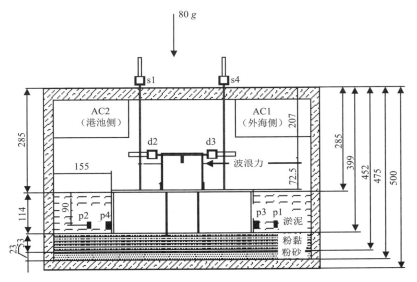

（a）离心模型剖面图

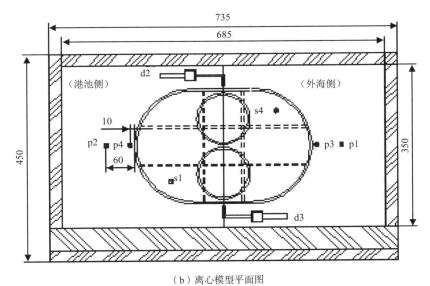

（b）离心模型平面图

图 4.1   模型布置图（单位：mm）

4.1.2   下沉过程桶体受力分析

桶体下沉过程中的受力主要包括桶体自重、真空负压引起的下沉力和桶底端阻力、侧壁摩阻力。在自重下沉阶段，桶身自重大于端阻力和入土桶体的侧壁摩阻力，当作用力和阻力平衡时，桶体不再下沉。此时需要从下桶隔仓中向外抽水抽气，让隔仓与外部大气间形成压力差，从而产生负压作用力，促使桶体继续往下贯入，即进入负压下沉阶段。图 4.2 为负压下沉阶段的竖向受力分析图，图中 G' 代表桶体在水下的自重，Δp_a 为抽水抽气后下桶隔仓与外界之间的压力差，p_u 为桶体外壁和内隔板底面的平均端阻应力，它可以根据极限承载力公式计算获得，f 为桶体外壁和内隔板的两侧与土体之间的平均侧壁摩阻力。

下沉总作用力 $F=G'+\Delta p_a \cdot A_i$，其中 A_i 为隔仓横截面面积，负压产生的下沉力即为 $\Delta p_a \cdot A_i$。下沉总阻力 $R=f \cdot A_s+p_u \cdot A_b$，其中 A_s 为桶体入土部分的侧壁和隔板内外层与土体的接触面积，A_b 为桶体外壁和内隔板底面面积，这其中侧壁阻力为 $f \cdot A_s$，底端阻力为 $p_u \cdot A_b$。当下沉总作用力 F 和下沉总阻力 R 相等时，即认为桶体下沉达到预定位置，处于静力平衡状态[45]。

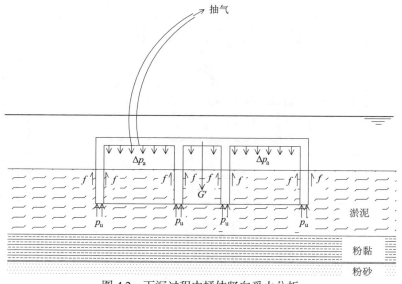

图 4.2 下沉过程中桶体竖向受力分析

离心模型试验中下桶的贯入下沉过程也分为自重下沉和外力下沉两个阶段，在模型加速至设计 80 g 期间，下桶在自重作用下沉入淤泥土层，到达一定深度后停止。根据位移传感器读数增量值，加上放置桶式基础模型时的压入量，可得自重作用产生的下沉量，约为 62.5mm，换算至原型的自重下沉量为 5m。之后，启动大行程作动加载装置给下桶施加推力，这个外推力相当于现场原型所施加的负压作用力 $\Delta p_a \cdot A_i$。在外推力作用下，模型桶体继续向下贯穿淤泥土层，直至进入粉质黏土持力层。

4.1.3　下沉过程中的贯入阻力

图 4.3 为桶式基础模型在下沉过程中总阻力和应变测量断面内力的发展变化曲线，纵坐标为推力作用下新发生的贯入位移量，即扣除自重下沉 5m 之后的位移量。从下沉总阻力发展曲线可见，总阻力随贯入位移量大致呈线性增长趋势。这是因为穿越同一土层过程中，桶底端阻力变化不大，而侧壁阻力随入土深度线性增大，下沉总阻力随下推位移量增大近似表现为线性增长。

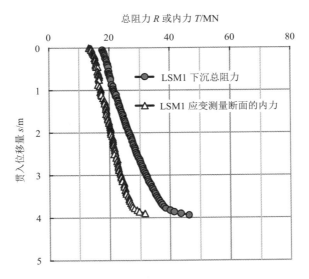

图 4.3　下桶贯入下沉过程中总阻力的发展变化（LSM1）

当贯入位移量达到某一值时，下沉总阻力曲线出现明显的转折，即下沉总阻力随位移增大的速率陡然增大，表明下桶底端已触及粉质黏土层。由于粉质黏土强度明显高于淤泥土，桶底端阻应力 p_u 值明显高于淤泥层，桶底端阻力项 $p_u \cdot A_b$

数值突增。与此同时，隔仓中的土体与顶盖接触，又额外增加土总阻力项。

将图中贯入总阻力曲线转折点处的下沉总阻力作为下桶基础下沉到位时所需的临界下沉总阻力 R_u。过了转折点，贯入深度再增加一点，下沉总阻力显著增加。对于模型试验桶，试验得到的临界下沉总阻力 R_u 为 40MN，即原型桶体贯穿淤泥层就位所需施加的总下沉力约 40MN。

根据下沉总阻力值，可以按下式估算桶体下沉所需要的负压荷载 Δp_a，

$$\Delta p_a = (R_u - G')/A_i \tag{4.1}$$

经过计算，负压工法中所需产生的压力差 Δp_a 约 47kPa。

4.1.4 侧壁摩擦力特性

本节探讨下桶基础在贯入下沉阶段桶壁和隔板与其周围土体间的摩擦特性。假设下沉过程中端阻力 $p_u \cdot A_b$ 在贯穿淤泥层过程中不变，设下沉深度增量为 ΔS，相应的下沉总阻力增量为 ΔR，该增量全部来自侧壁阻力项 $f \cdot A_s$ 的增量，即 $\Delta R = f \cdot \Delta A_s$。设 L 为桶壁和隔板横截面与土相接触总边长，桶壁和隔板与土相接触的面积增量 $\Delta A_s = \Delta S \cdot L$，由此得到下沉总阻力增量 $\Delta R = f \cdot \Delta S \cdot L$。从下沉总阻力随贯入下沉量变化曲线求得斜率 $k = \Delta R/\Delta S$，由此就可推算侧壁摩擦力 f，即

$$f = \Delta R/\Delta A_s = \Delta R/(\Delta S \cdot L) = k/L \tag{4.2}$$

利用式（4.2）计算下桶基础在自重下沉阶段和外力贯入下沉阶段的侧壁摩擦力平均值，分别为 7.1kPa 和 14.7kPa。桶体在自重下沉阶段的摩擦力小于外力贯入下沉阶段的摩擦力。同样，利用上式可得下桶基础结构贯穿整个土层的平均摩擦力，其值为 10.7 kPa。

计算得到的桶体贯入下沉过程中侧壁摩擦力分布如图 4.4 所示。从侧壁摩擦力分布曲线可知，在桶体贯入下沉阶段，随着贯入位移的增加，侧壁摩擦力呈逐渐递增趋势，数值由 10 kPa 缓慢增至 22 kPa，之后曲线出现明显的转折，转折点对应的贯入深度与图 4.3 曲线转折点深度一致，表明此时下桶底端由淤泥层进入

粉质黏土层并且桶内土体已触及盖板。

从以上试验结果可知，桶式基础结构下桶在穿越淤泥土层，着落于粉质黏土层过程中，侧壁及其隔板所受到的摩擦力是变化的，即由浅层的较小值至深层的较大值。假设淤泥层土体静止侧向土压力系数为 0.95，可估算出下沉过程中侧壁与淤泥土之间的摩擦系数。对于本次试验的模型 LSM1，平均摩擦系数约为 0.13。

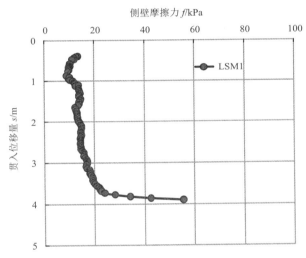

图 4.4　下桶贯入下沉过程中侧壁摩擦力的发展变化（LSM1）

需要指出的是，在本次模型试验中，下桶是在外推力作用下贯入地基土层的，试验结果未能反映桶体侧壁土层渗流所产生的减阻效应。因此，实际工程中桶体下沉临界总阻力应小于试验预测值，同样，上述讨论的负压工法中所需压力差及侧壁与淤泥层之间的摩擦系数也将小于试验值。

4.1.5　负压下沉过程中桶体关键部位的应力变化

弹性材料的结构应力可以通过粘贴应变计测量其应变，然后根据胡克定律计算获得。在下桶桶身距离桶底端 50mm（原型为 4.0m）横截面位置处作为测量断面，在外壁和内壁上布置了 5 个测点，每个测点粘贴一组全桥应变测量单元，以测量断面不同位置处的压应变，如图 4.5 所示。

图 4.6 为桶体贯入下沉过程中 4 个测点处应变测量单元测得的应变发展变化曲线。由图可知，4 个测点处截面压应变发展情形比较一致，即各点处压应变数值大小差不多，随桶体下沉位移同步发展。由此表明，桶体下沉过程很平稳，桶体外壁和内隔板截面压应变及压应力发展均匀。

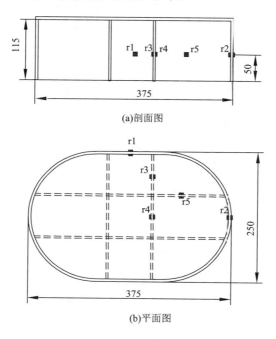

(a)剖面图

(b)平面图

图 4.5　下桶内力测点布置图（单位：mm）

制作模型桶体的铝合金材料的弹性模量为 70GPa，根据 4 个测点处的平均压应变，换算成截面平均压应力，乘以桶体横截面面积，即可推求出该应变测量断面的总内力，其结果已绘制于图 4.3 中。由图可知，在下推力作用下的下沉过程中，测量断面上的总内力也是随着下沉位移在不断增大。在侧壁总阻力曲线的转折点处，该测量断面总内力计算值为 27MN，约为临界总阻力（40MN）的 67.5%。

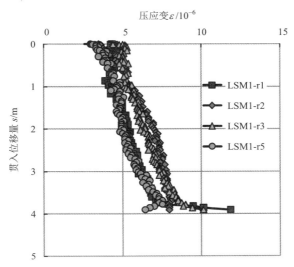

图 4.6　下桶贯入下沉过程中截面压应变发展变化（LSM1）

4.2　波浪荷载作用下桶式基础受力特性试验研究

4.2.1　试验方案

采用拟静力和循环往复作用力两种方式模拟波浪循环荷载作用，研究桶式基础防波堤在波浪循环荷载作用下位移变形稳定性状[46]。

根据连云港港徐圩港区防波堤工程的波浪研究成果，对于 50 年一遇设计高水位 5.41m、桶顶高程 10.5m 和桶壁开孔这种情形，最大总波压力和最大总波吸力分别为 12 048 kN 和 –8480 kN，相应的最大力矩和最小力矩分别为 97 600 kN·m 和 –45 920 kN·m，合力作用点到淤泥面的距离分别为 8.10 m 和 5.42 m。另外，原型波浪周期取 8.76s。参照上述波浪条件进行离心模型试验，给模型结构施加不对称的规则循环往复荷载，不对称比等于波吸力除以波浪力，即 0.7。由于原型存在两个作用点高度，因此，周期性荷载试验中取其平均高度，即距离淤泥面 6.76m，但在拟静力荷载试验中，作用点高度应取波浪力对应的高度，即 8.10m。以一组桶体宽度 20m 所受到的合力值为模型，主要设计依据特性指标要素见表 4.1。

表 4.1 原型波浪设计要素（一组桶体宽度 20m）

工况	水位/m	波高 $H_{1\%}$/m	周期 T_p/s	波长 L_p/m	波浪力 P_{pp}/kN	波吸力 P_{sp}/kN	波吸力/波浪力
50 年一遇 设计高水位	5.41	6.34	8.76	80.9	12 048	−8480	0.7

依据表 4.1 循环周期荷载作用的模型相似律，将原型波浪特性指标换算到模型尺度，即为表 4.2 所列的模型波浪特性指标。

表 4.2 模型波浪特征（模拟一组桶体受设计波浪作用）

模拟工况	模型比尺	离心加速度 /g	周期 T_m/s	频率 f_m/Hz	波浪力 P_{pm}/kN	波吸力 P_{s-m}/kN	波浪力/波浪力
50 年一遇 设计高水位	80	80	0.110	9.13	1.88	−1.33	0.7

4.2.2 水平荷载作用下桶式基础防波堤的性状

由于桶式基础结构是一种新型防波堤基础形式，为全部了解新结构在波浪荷载作用下的受力、变形及稳定机理，开展了桶式基础结构防波堤承受水平静荷载作用离心模型试验，在三组试验 M4、M11 和 M13 中，利用拟静力加载装置给桶式基础防波堤施加水平力模拟波浪合力的作用，测试防波堤的位移变形情况，探求其水平位移、沉降和倾斜度随着水平力的变化规律，掌握这种桶式结构防波堤抵抗水平荷载作用的能力。为下一步研究防波堤在周期性波浪循环荷载作用下的性状提供基础。

拟静力作用模型试验布置见图 4.7。拟静力加载装置产生的水平力直接作用在防波堤的上筒，且作用点与原型波浪力的合力作用点对应一致，即距离淤泥面8.10m。但出于保护拟静力加载装置考虑，防止其浸水受潮，试验时降低模型水位。试验运行时，其水位高出基础盖板约 3~5 mm。防波堤结构受力后发生的沉降和倾斜度由激光传感器 s1 和 s2 测量，结构发生的水平位移则由激光传感器 d3 量测。

在下面的分析讨论中，首先是将模型中的物理量值，按模型相似律换算至原型尺度相应的值。其次，沉降值向下为正，水平位移与水平推力方向一致时为正，桶体倾向水平推力所指一侧的转角为正。第三，用设计高水位情况下桶体所承受波浪力合力的最大值（P_{pp}=12 048 kN）对静态水平力荷载 P 进行归一化，即水平力变化

用荷载比 P/P_{pp} 的大小来表征。下面以模型 M13 桶式基础防波堤承受水平荷载后的水平位移反应，来讨论介绍水平力作用下的桶式基础防波堤的性状特性。

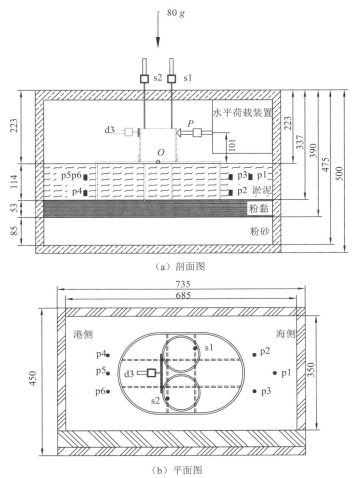

（a）剖面图

（b）平面图

图 4.7　拟静力法模型布置（M4、M11 和 M13）（单位：mm）

s1 和 s2 为沉降测点；d3 为水平位移测点

　　图 4.8 是 M13 桶式基础承受水平力后的测点 d3 处水平位移变化曲线，随着水平力不断增大，开始阶段的水平位移发展较为平稳，即以一个较小的速率增大，这种情况一直持续到荷载比 P/P_{pp} 达到某个值，即水平力达到一定量值为止。之后，水平变位以一个较大的速率随荷载比 P/P_{pp} 增大，这一变化使得曲线出现一个转折

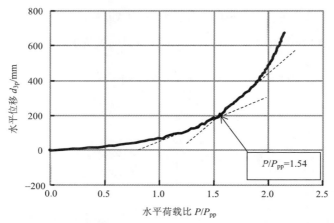

图 4.8　桶式基础防波堤水平位移随水平力荷载比的变化过程曲线

点。换言之，转折点前后水平位移的发展速率明显不同，转折点之后标志着桶式基础防波堤结构的位移发展进入了一个新的快速阶段，由此可见，转折点是稳定工作状态和非稳定工作状态（极限状态）的分界点。这个转折点的荷载比 P/P_{pp} 约为 1.54，水平位移量约为192mm。

图 4.9 则是 M13 桶式基础承受水平力后的测点 s1 和 s2 处沉降变化曲线。由图可见，在水平推力作用下，靠近推力作用一侧的测点 s1 的实测沉降为负值，表

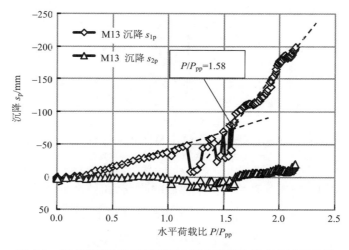

图 4.9　桶式基础防波堤沉降随水平力荷载比的变化过程曲线

示该处发生向上的竖向位移，并且曲线在荷载比 P/P_{pp} 达到 1.58 时出现一个明显的转折点，此转折点前后竖向位移发展速率明显不同。而测点 s2 处的实测沉降量较小，但在荷载比 P/P_{pp} 达到 1.58 后，此处实测沉降值开始明显减小，继而由正值转为负值，即由原先的下沉转变为向上的竖向位移。转折点处两测点处沉降量分别为−79mm 和 13mm。

图 4.10 则是 M13 桶式基础承受水平力后桶体转角变化曲线，同样，曲线上有明显的转折点。这个转折点的水平荷载比 P/P_{pp} 为 1.76，该转折点处转角达 1.40°。

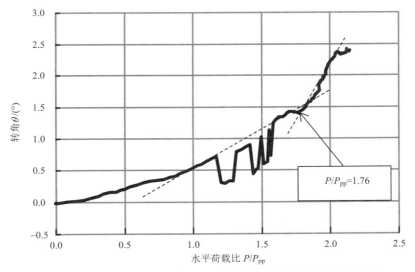

图 4.10　桶式基础防波堤桶体转角随水平力荷载比的变化过程曲线

综上所述，桶式基础承受水平力后，水平位移、沉降和转角发展变化曲线均出现转折点，三个转折点处水平荷载比 P/P_{pp} 分别为 1.54、1.58 和 1.76。这些转折点对应的都是桶式基础防波堤结构的三种极限使用状态。对于淤泥质海岸上的直立结构，《重力式码头设计与施工规范》（JTJ 290—1998）和《港口工程地基规范》（JTJ 250—1998）中建议容许荷载可以取极限荷载的 1/1.5~1/1.3。从模型 M13 试验结果得到桶式基础防波堤抵抗水平滑动、下沉和倾转的极限水平荷载能力分别是 1.54P_{pp}、1.58P_{pp} 和 1.76P_{pp}。其中抵抗滑动的极限水平承载力最低，为 1.54P_{pp}。按上述规范要求取得的容许水平承载力平均值为 1.1P_{pp}。

在桶式基础防波堤两侧周围的土体中各埋设了 3 只孔隙水压力传感器，入土深度分别为 50mm（原型为 4m）和 100mm（原型为 8m），与下桶椭圆端垂直距离为 30mm（原型为 2.4m）和 90mm（原型为 7.2m）。

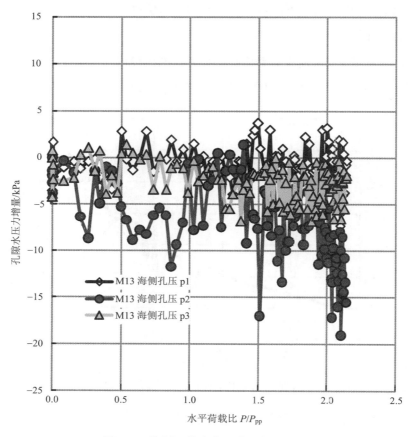

图 4.11 海侧土体中孔压增量变化曲线

图 4.11 和图 4.12 是模型 M13 桶式基础防波堤结构承受水平力后的海侧和港侧土体中孔隙水压力测点的孔压增量变化曲线。

从图 4.11 可见，在桶式基础防波堤结构承受水平荷载作用期间，埋设于海侧地基土体中的 3 只孔隙水压力传感器读数增量值为负。其中埋深 4m 的 p1 和 p3，其增量变化幅值较小，约在 0~5kPa，而埋深 8m 的 p2，其增量变化幅值最大，尤

其在 P/P_{pp} 增大到 1.5 后，p2 增量值稳定在 $-10\sim-5$kPa，而在 P/P_{pp} 增大到 1.9 后，p2 增量值介于 $-16\sim-10$kPa。

从图 4.12 可见，在桶式基础防波堤结构承受水平荷载作用期间，防波堤港侧地基土体中的孔隙水压力传感器 p4 和 p6，它们分列于椭圆端的两侧，p4 埋深 8m，p6 埋深 4m，与 p6 相比，p4 的增量变化幅值较大。它们起先都以负值为主，在 P/P_{pp} 增大至 $1.7\sim2.0$ 以后，以正值为主。p5 埋深 4m，但它正对于椭圆端埋设，其增量变化幅值最大，它一开始就上升至 5kPa，之后随 P/P_{pp} 增大，逐渐达到 10kPa，但在 P/P_{pp} 增大到 1.4 以后，p5 增量值猛增至 15kPa 左右，在 P/P_{pp} 大于 1.9 后，又猛然开始骤降，在 P/P_{pp} 达到 2.0 后回落至 0。

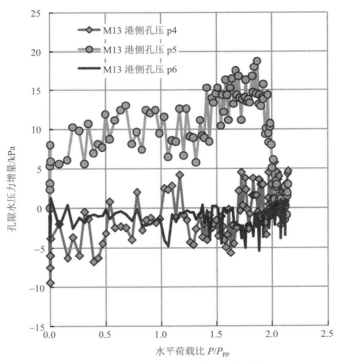

图 4.12　港侧土体中孔压增量变化曲线

上述桶式基础防波堤两侧土体中的孔隙水压力的变化实际上是其承受水平荷载作用后挤压地基土体，导致桶周围土体压缩或伸长或剪切后孔压反应。而水平荷载作用传递主要靠下桶外壁和内隔板，因此，相同埋深条件下，土体越靠近下桶基础外壁，尤其正对于下桶椭圆端，其受到的影响越大，孔压反应越强烈。这就解释了正对于下桶椭圆端埋设的 p5 孔压增量反应最为强烈这一现象。另外，与桶壁水平距离相同前提下，位置较深处土体因变形而产生的超静孔压不易消散，容易累积而显现出来，这就解释了 p4 孔压增量变化比 p6 强烈以及 p2 孔压增量反应大两个现象。

4.2.3　循环往复波浪力作用下桶式基础防波堤的性状

1. 桶体位移

根据表 4.2 动态模型波浪特性指标，利用研制的循环波浪荷载模拟器（图 3.10），开展了一组循环往复模型试验。在模型达到设计加速度 80 g 后，分 5 种波浪强度逐级在桶式基础防波堤的上筒两侧合力作用高度施加不对称波浪合力（P_{ps}/P_{pp}=0.7），整个试验所模拟的波浪作用总历时达 43.5 h。波浪荷载水平 P/P_{pp} 随时间变化如图 4.13 所示，这里波浪力荷载水平定义为实际施加的波浪力与设计波浪力之比，即 P/P_{pp}（即波浪力峰值 P_{pp}=12 048kN）。

模型中波浪荷载按 P/P_{pp}=0.082、0.165、0.329、0.659、1 五级施加。最后一阶段施加的波浪荷载水平最高，模型中动荷载加载装置加载比较困难，此时采用荷载逐渐变化的方式施加，直至达到设计波浪荷载水平 1.0。最后这个阶段历时约 8.5 h，达到或接近设计波浪荷载水平的波浪作用时间为 3.5 h。

在上述波浪荷载作用下，桶式基础防波堤结构的竖向位移、水平位移和倾角均随时间发生波动，这些性状反应变化如图 4.14~图 4.16 所示。

图 4.14 可以看出，桶式基础防波堤结构在循环往复波浪力作用下，桶体结构上的两个竖向位移测点 s1（港侧）和 s2（海侧）的测值随时间逐渐增大，并且在整个波浪荷载作用期间位移增长速率几乎维持不变，而且两测点竖向位移幅值变化也不大。波浪荷载作用 43.5 h 后，两个测点处产生的竖向位移量（即沉降量）分别为 84mm 和 70mm，桶体向港侧倾斜。

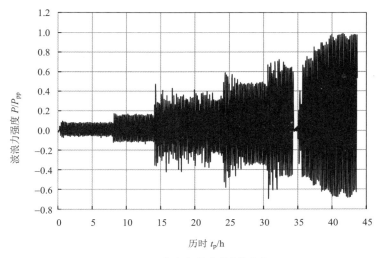

图 4.13　波浪力荷载作用历时

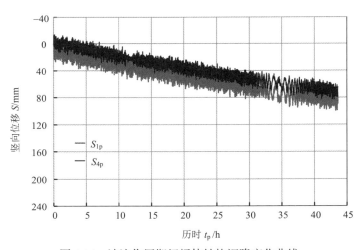

图 4.14　波浪作用期间桶体结构沉降变化曲线

图 4.15 为整个加载过程中水平位移测点 d3 处激光位移传感器读数变化情况。从图中可以看出，桶体在加载一开始就产生一定的水平位移，之后整个波浪荷载作用期间，桶体水平位移发展比较缓慢，前期水平位移向海侧发展，后期又有向港侧发展的趋势。经过 43.5h 的波浪荷载作用，d3 测点处发生的水平位移量为 25mm。随荷载水平的增加，桶体水平位移幅值逐渐增大。

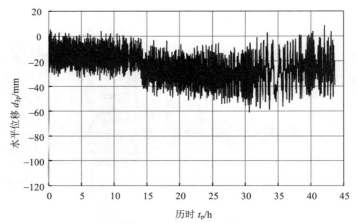

图 4.15　波浪作用期间桶体结构水平位移变化曲线

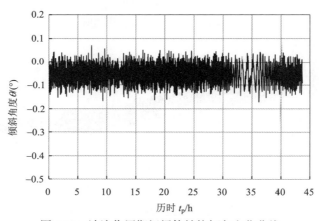

图 4.16　波浪作用期间桶体结构倾角变化曲线

桶体的倾角变化如图 4.16 所示。桶体的倾角根据前面的竖向位移测点处的沉降差除以它们的水平投影距离来进行计算：

$$\theta = \arctan\left(\frac{s_{4\mathrm{p}} - s_{1\mathrm{p}}}{d_{\mathrm{s1ps4p}}}\right) \tag{4.3}$$

式中，d_{s1ps4p} 为两测点间距在桶体剖面上的投影长度。

由于桶体整体沉降比较均匀，经过 43.5h 的波浪荷载作用，其最大转角量约为 $-0.054°$。

2. 土体强度弱化

波浪动荷载作用在桶体上使得桶体往复摆动，桶体往复摆动就会反复挤压桶壁附近土体，使土体发生"加载—卸载—再加载—再卸载"这种加卸载模式，这种荷载模式作用下，地基土体也会产生相应的位移响应。随着波浪荷载及循环加载次数的增加，地基土体原有的结构性也逐渐丧失，地基土体孔压逐渐积累上升，土体剪切模量与强度逐渐降低。

本次动态离心模型试验前后，对地基土层的原位不排水强度均作了圆锥贯入强度试验，其试验结果见图 4.17。对比发现，波浪荷载作用 43.5h 后，地基土层自泥面向下约 8m 深度范围内不排水强度均出现了一定程度的衰减，即强度弱化。地基最表层的强度弱化最明显，最大降幅在 9kPa 左右，最大衰减约 50%，在紧靠桶壁处土体强度衰减会更大。随着深度的增加，试验前后强度差异越来越小，在桶体下部差异又增大。这也与数值模拟中，桶体上部土体、下部土体的剪切模量降低幅度较大，而中部降低较小的结果一致。

若以地基土层试验前的原位不排水强度值为基准，来衡量波浪荷载作用造成的强度弱化程度，则强度衰减指数 I_{su} 为

$$I_{su} = \frac{s_{u,前} - s_{u,后}}{s_{u,前}} \tag{4.4}$$

式中，$s_{u,前}$ 和 $s_{u,后}$ 分别为地基土层在波浪荷载作用前后的不排水强度平均值，不同深度土体强度衰减情况如图 4.17 所示。计算整理后，下桶深度范围内地基土层土的强度平均衰减了约 20%。

另外，由于受非对称循环荷载作用（波吸力 P_{sm}/波浪力 P_{pm}=0.7），港侧土体强度降低程度要大于海侧。

土体出现的强度弱化或者强度降低归结于波浪荷载长时间的循环往复作用和海底软土地基结构性破坏。波浪荷载通过下桶传递给地基土层，海底浅表层土体自身结构松散，强度不高，桶壁侧向荷载作用尤其是往复周期性侧向荷载作用极易破坏表层软土的微细结构。对于桶体底部的地基土体，桶壁与地基之间的作用

力较大，虽然此处土体的强度较大，但在高荷载水平长时间往复作用下，累积产生的超静孔隙水压力，使得土颗粒间的有效应力降低，最终导致土体软化和强度衰减。

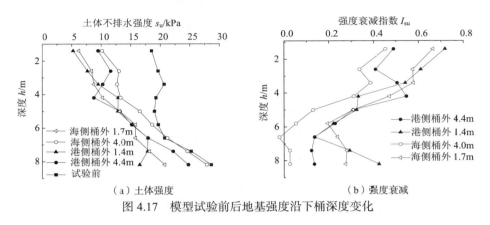

（a）土体强度 （b）强度衰减

图 4.17 模型试验前后地基强度沿下桶深度变化

4.2.4 防波堤运行阶段桶式基础结构防波堤的变位性状小结

本节针对桶式基础结构在防波堤运行阶段受波浪荷载作用下的变位及稳定性进行了离心模型试验研究，波浪荷载分别通过水平静荷载和循环往复荷载动态模拟，对波浪荷载作用下桶式基础防波堤的位移变形性状取得了以下认识：

（1）桶式基础防波堤抵抗水平滑动、下沉和倾转的极限水平荷载能力分别是 $1.54P_{pp}$、$1.58P_{pp}$ 和 $1.76P_{pp}$。其中抵抗滑动的极限水平承载力最低，为 $1.54P_{pp}$，按规范取得容许水平承载力平均值约为 $1.1P_{pp}$。另外，桶式基础防波堤结构承受水平荷载作用后，观测到地基土产生超静孔隙水压力，距离下桶椭圆端较近且位置又较深处土体的超静孔压反应较强烈。

（2）波浪荷载作用 43.5h 后，桶式基础防波堤结构水平位移、垂直位移和转角位移特征值，分别为 25mm、84mm 和 0.054°，它们均在稳定安全范围内。表明桶式基础防波堤结构能够抵御 50 年一遇设计高水位的波浪荷载而保持稳定安全。

（3）波浪荷载作用 43.5h 后，泥面以下约 6m 深度范围内土体强度弱化现象明显，下桶深度范围内地基土层不排水强度平均值衰减了约 20%。

4.3　回填荷载作用下桶体受力特性试验

4.3.1　试验方案

由于防波堤建于深厚软弱淤泥地基上，尽管桶式基础自身为轻型结构，对地基承载力要求不高，但桶体港侧回填后，回填土层对上筒的水平推力及作用于下桶港侧顶板的竖向力，将引起桶体水平、竖向位移及转动，造成防波堤两侧差异沉降，影响桶式基础及防波堤的整体稳定。

为研究回填过程中单桶多隔仓结构与地基相互作用规律，开展了 2 组模型试验。这 2 组模型的试验布置见图 4.18，设置了 3 只激光位移传感器测量桶式基础

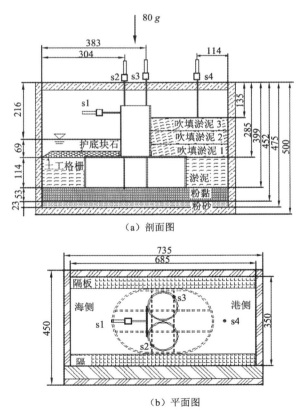

（a）剖面图

（b）平面图

图 4.18　港池回填淤泥工况下桶式基础模型布置图（M7，单位：mm）

防波堤结构体的位移，其中 s1 用于测量结构体的水平位移，s2 和 s3 用于测量结构体的沉降，它们分别位于上筒顶的海侧和港池侧。另有 1 只激光位移传感器 s4 用于测量桶后回填土体顶面的沉降。由于回填试验中桶体受到的水平力主要表现为回填土向海侧的水平推力，故定义向海侧的水平位移为正，向港侧的水平位移为负，转角以向海侧转动为正，向港侧转动为负，沉降仍取向下为正。

模拟回填试验中，将下桶嵌入粉质黏土层的深度为 0.5 m，回填淤泥容重 110~200kN/m³，含水率 110%~200%，黏聚力 0~5kPa，摩擦角 0°~3°。回填淤泥高度均为 12m，分三层回填，每层厚度 4m。

4.3.2　港侧吹填淤泥后的桶体变形稳定性状

图 4.19~图 4.21 分别给出了桶后吹填第一层淤泥后桶体结构的转角、上筒水平位移和顶面沉降的变化情况。结果发现，桶体海侧和港侧发生的沉降均匀，数值较小，约 60 mm，桶体转角很小。其次，上筒结构向港侧水平位移，故数值为负，但位移量很小，仅 5mm。

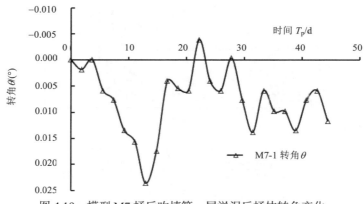

图 4.19　模型 M7 桶后吹填第一层淤泥后桶体转角变化

图 4.22~图 4.24 分别给出了桶后吹填第二层淤泥后桶体结构的转角、上筒水平位移和顶面沉降的变化情况。结果发现，桶体海侧和港侧发生的沉降仍很均匀，沉降量在 60~65 mm。同时，发生的转角也很小。但吹填第二层后上筒结构的水平位移由港侧转向海侧，故数值为正，位移量约 40 mm。桶体结构发生海侧向水平

位移表明两层吹填土体对上筒产生了较大的水平推力。这水平推力就是吹填土体作用于上筒的土压力，由于吹填淤泥含水率在 110%~200%，内摩擦角很小，故侧向土压力系数接近 1.0，作用于上筒侧壁的土压力十分明显。

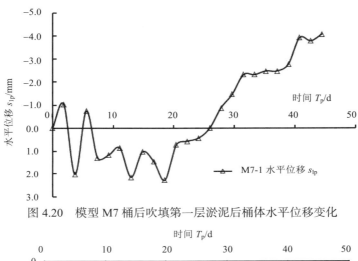

图 4.20　模型 M7 桶后吹填第一层淤泥后桶体水平位移变化

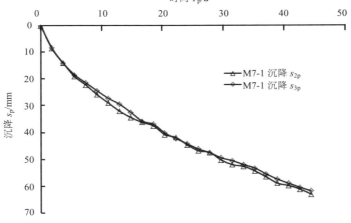

图 4.21　模型 M7 桶后吹填第一层淤泥后桶体顶面沉降变化

　　图 4.25~图 4.27 分别给出了桶后吹填第三层淤泥后桶体结构的转角、上筒水平位移和顶面沉降的变化情况。结果发现，在吹填第三层淤泥过程中，桶体突然发生了非常大海侧向水平位移，以至于吹填淤泥层顶面也发生骤然沉降。这表明，桶体结构发生了失稳。另外，桶体失稳过程中发生的转角为负值，表明桶体向港侧倾斜。

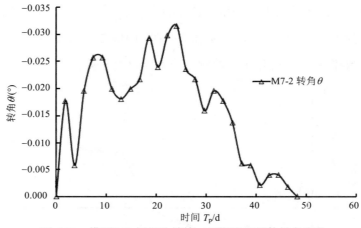

图 4.22　模型 M7 桶后吹填第二层淤泥后桶体转角变化

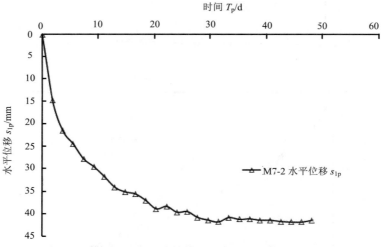

图 4.23　模型 M7 桶后吹填第二层淤泥后桶体水平位移变化

综上所述，由于吹填淤泥含水率高，处于流塑状，侧向土压力系数接近 1.0，随着吹填土层高度的增加，作用于上筒侧壁的土压力随之迅速增大，桶体水平位移发展迅猛。在吹填至第三层的过程中，桶体结构发生了水平失稳，但其倾斜姿态向着港侧。

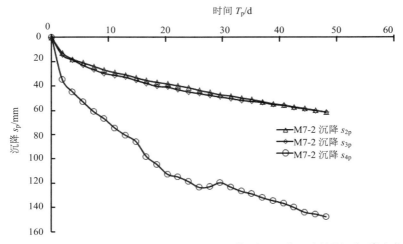

图 4.24　模型 M7 桶后吹填第二层淤泥后桶体顶面沉降和吹填泥面沉降变化

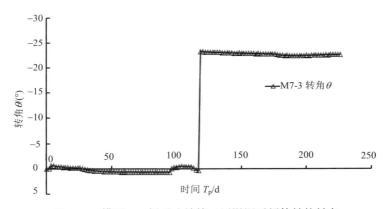

图 4.25　模型 M7 桶后吹填第三层淤泥后桶体结构转角

　　模型 M8 的试验结果与模型 M7 大体相仿：吹填第一层淤泥后，桶体向港池水平位移，但在吹填第二层淤泥后，桶体转向海侧水平位移，继续吹填第三层淤泥，因向海侧的水平位移过大而发生失稳。

　　上述两组离心模型试验结果表明，若下桶桶底嵌入粉质黏土层深度为 0.5m，桶后吹填土层不应超过 8m，桶式基础防波堤基本保持稳定，但如果继续加大吹填淤泥层深度，桶体将产生向海侧水平位移并快速发展，导致桶体结构发生水平失稳。

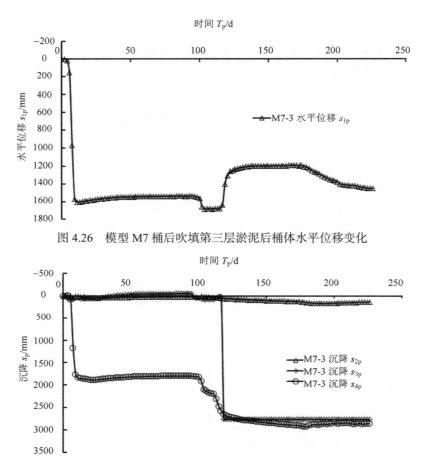

图 4.26　模型 M7 桶后吹填第三层淤泥后桶体水平位移变化

图 4.27　模型 M7 桶后吹填第三层淤泥后桶体顶面沉降和吹填泥面沉降变化

4.3.3　港侧回填袋装砂后的桶体变形稳定性状

鉴于吹填淤泥方案中桶体向海侧发生较大的水平位移，将桶体嵌入粉质黏土层深度由 0.5m 增加到 1.00m，桶后港侧回填材料改为袋装砂，为此开展了模型试验 M10，试验中除回填材料不同外，模型布置同图 4.18。同样设置了 3 只激光位移传感器测量桶式基础防波堤结构和回填土体的沉降，s2 和 s3 用于测量上筒顶面海侧和港侧的沉降，s4 用于测量桶后回填土体顶面的沉降。而上筒结构的水平位移由激光位移传感器 s1 进行测量。

试验中模拟回填砂高度仍为 12m，分三层回填，每层厚度 4m，其中第一层袋装砂回填至 4.0m 并保持 100 天，第二层回填至 8.0m 保持 100 天，而回填第三层袋装砂时，分两个细层，即由 8.0m 升高至 10.5m，间歇 40 天后，再由 10.5m 升高至 12.0m。达到设计回填高度后，间歇 90 天进行超载试验，即让离心加速度从设计值 80g 迅速提升至 115g，模拟回填高度从 12.0m 增高至 13.8m，分析超填 1.8m 厚度袋装砂对防波堤稳定性的影响。

由于砂石料的侧压力系数远小于淤泥土，因此在袋装砂分层填筑过程中，港侧回填袋装砂试验中测得的桶体水平位移和转角均小于回填淤泥试验的结果。

1. 桶体转角

在桶后回填第一层袋装砂及之后 100 天期间，桶体结构向港侧发生较小的转动，约为 0.1°。第二层回填后，桶体结构继续向港侧倾斜，转角值约 0.24°。在三层袋装砂回填土体荷载作用下，桶体结构继续向港侧倾斜，第三层回填竣工后 92 天时，转角值约 0.30°，超载后 43 天，转角值约 0.34°，此转角值仍在安全范围内。

2. 水平位移

在港池回填袋装砂期间，桶体水平位移持续向港侧发展，第一层回填后位移量 5mm，第二层回填后位移增大 15mm。第三层回填及超载过程中，上筒桶体水平位移继续指向港侧，最大水平位移量 10mm，即整个港池回填袋装砂 13.8m 后，测点 s3 处总水平位移 30mm。

3. 沉降

由于在整个港侧回填砂期间，桶体的转角和水平位移量均不大，因此桶体结构两侧沉降发展较为均匀，港侧沉降量比海侧沉降量稍大；在回填至 8.0m 后，桶体港侧测点沉降量 38mm，海侧测点沉降量 12mm，桶后回填袋装砂表面沉降为 220mm。回填至 12.0m 后，两测点处沉降量分别为 59mm 和 24mm，回填袋装砂表面沉降 430mm，超填 1.8m 后两测点处沉降量分别为 88mm 和 50mm，回填袋装砂表面沉降 580mm。

图 4.28~图 4.30 给出了桶后回填第三层袋装砂至 12.0m 及超载 1.8m 后桶体结构转角、水平位移和沉降量变化情况。

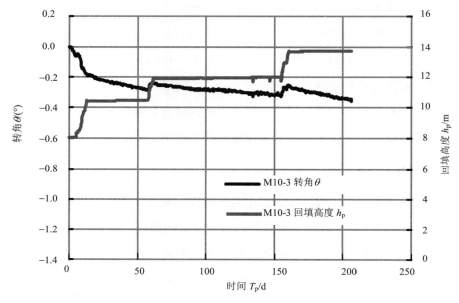

图 4.28　桶后回填第三层袋装砂桶体结构转角变化（M10）

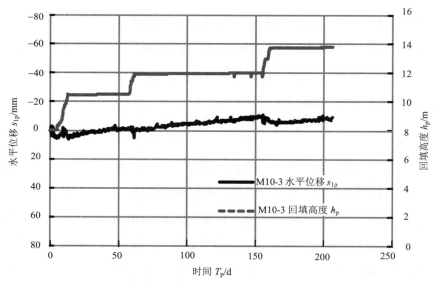

图 4.29　桶后回填第三层袋装砂桶式基础防波堤上筒水平位移变化（M10）

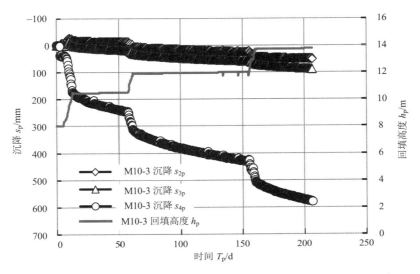

图 4.30　桶后回填第三层袋装砂上筒顶面和回填泥面沉降变化（M10）

回填三层袋装砂及超填 1.8m 后，尽管回填土体表面沉降较大，但从桶式基础防波堤结构的变形性状和位移量看，此时桶式基础防波堤结构仍是稳定的。可见，下桶嵌入粉质黏土层 1.0m 后，并且采取回填袋装砂方案，能够满足桶式基础防波堤的变形稳定要求。

4.3.4　桶式基础防波堤位移变形模式和稳定破坏模式

通过以上分析比较，可以初步确定桶式基础防波堤位移变形模式和稳定破坏模式特点及其防治措施：

（1）桶式基础防波堤单侧回填后，其主要位移变形模式为两种，即向港侧倾斜和桶底向海侧水平位移。桶体倾斜完全由单侧回填造成结构两侧不均匀沉降而产生，而水平位移是由回填土体作用于桶身回填侧自上而下的侧向推力引起的。在下桶嵌入粉质黏土层较浅的情形下，这种桶式基础防波堤单侧回填后最可能的一种破坏模式就是水平向滑动。

（2）桶式基础防波堤下桶嵌入粉质黏土层的入土深度很大程度上决定着桶体结构的侧向承载能力。就所研究的两种回填方案而言，嵌入粉质黏土层的入土深度为 0.5m 时，在回填第三层过程中或刚回填结束，桶体向海侧的水平位移骤然增加，导致水平向滑动失稳。而在嵌入粉质黏土层的入土深度增至 1.00m 时，虽然回填料对桶体产生的侧向推力减小，但在超填 1.8m 后，桶体结构向海侧的水平位移未出现骤然增大趋势。由此可见，增加嵌入粉质黏土层的入土深度有助于抵抗防波堤水平滑动破坏，是提高防波堤结构稳定性的最有效的一项措施。

（3）回填土体和地基土体的性质是影响桶式基础防波堤稳定性的重要决定因素，可考虑对软弱地基土体做适当加固并合理选择回填土体以增强防波堤的稳定性。

4.4　离心模型试验小结

利用超重力场中的离心模型试验研究了桶式基础结构与波浪荷载及软土地基的相互作用。通过对负压下沉、波浪荷载作用及港侧吹填淤泥土过程的模拟，得到以下主要结论：

（1）桶式基础结构最大下沉总阻力约 40 000 kN，平均摩擦力约 10.7 kPa。桶体穿越上部淤泥土层时，桶壁及内隔板与地基土之间的摩擦系数为 0.130。桶体在下沉过程中下桶外壁和内隔板截面上的压应变数值基本一致，随桶体下沉位移发展而平缓增大，表明桶体在整个下沉过程中基础桶各部位受力及位移量均匀，桶体下沉姿态平稳。

（2）从模型试验结果得到桶式基础防波堤抵抗水平滑动、下沉和倾转的极限水平荷载能力分别是 $1.54P_{pp}$、$1.58P_{pp}$ 和 $1.76P_{pp}$。其中抵抗滑动的极限水平承载力最低，为 $1.54P_{pp}$，按规范取容许水平承载力平均值约为 $1.1P_{pp}$。波浪荷载作用 43.5h 后，桶式基础防波堤结构水平位移、垂直位移和转角位移特征值，分别为 25mm、84mm 和 −0.054°，它们均在稳定安全范围内。泥面以下约 6m 深度范围内土体强度弱化现象明显。桶式基础防波堤结构能够抵御 50 年一遇设计高水位的波浪荷载而保持稳定安全。

（3）桶式基础结构最危险工况是港池侧回填过程中和刚回填竣工后。其主要位移变形模式为两种，即向港侧倾斜和桶底向海侧水平位移。桶体倾斜是由于单侧回填造成结构两侧不均匀沉降而产生的，而水平位移是由回填土体作用于桶身回填侧自上而下的侧向推力引起的。

（4）在下桶进入粉质黏土层 0.5m 且桶后吹填淤泥情况下，当回填土体高度在两层约 8m 范围内，桶式基础防波堤未出现明显失稳的迹象，但继续向上吹填淤泥时，桶体水平位移向海侧快速发展，导致桶体结构发生水平失稳。在下桶进入粉质黏土层 1.0m 且桶后回填袋装砂情况下，回填土体高度 12m，甚至超载至13.8m，防波堤结构仍能保持稳定。因此，建议在工程实施过程中，将桶式基础结构下桶嵌入粉质黏土层的深度设置在 1.0~1.5m，尽可能采用中粗砂或者石料作为港侧回填材料，若除吹填淤泥之外的回填材料紧缺，需严格控制回填施工速率并加强现场检测，即增加回填层数，延长间歇时间，待淤泥土自身强度提高到一定程度后再进行下一级回填，以确保防波堤在回填施工期的稳定。

第5章 桶式基础结构与地基共同作用数值仿真平台

新型桶式基础结构是一个空间椭圆形壳体结构体系，隔仓和桶壁都与地基土体共同作用，具有复杂的边界条件，桶体受到的荷载也非单向的、均一的动态荷载，很难通过解析方法求解，而采用有限元法分析桶式结构与地基的共同作用是可行的方法。本章基于大型有限元软件 ABAQUS，建立了桶式基础结构与软土地基共同作用数值仿真平台，分析桶式基础结构的变位及稳定性。

5.1 ABAQUS 有限元软件介绍

ABAQUS 是一套功能强大的有限元分析软件，可以解决从相对简单的线性分析到复杂的非线性问题。其包含了一个丰富的、可以模拟复杂几何形状的单元库，拥有多种类型的材料模型库，可以模拟典型工程材料的性能，如金属、橡胶、高分子材料等，特别是能够驾驭非常复杂、高度非线性问题。ABAQUS 平台具有以下优点：

（1）功能强大。ABAQUS 是集结构、热、流体、电磁及声学于一体的通用分析软件，为用户提供了广泛的分析功能。大量的复杂问题可以通过选项块的不同组合，很方便地模拟出来，大部分工程问题，甚至是高度非线性问题，用户只需一些工程数据，如结构几何形状、材料性能及载荷工况等。

（2）非线性处理能力强。ABAQUS 有优良的非线性计算功能，对于非线性静态分析，是将载荷分解成一系列增量的载荷步，在每一载荷步内进行一系列线性逼近以达到平衡。对于瞬态或动力非线性问题，可以分解为连续时间变化的载荷增量，在每一步进行平衡和迭代。

（3）丰富的单元库和材料模型库。ABAQUS 包含内容丰富的单元库，可选用的单元有 8 大类 433 种，如实体单元、壳单元、连接单元等。ABAQUS 自带有多种材料本构关系，可以模拟工程中典型的材料性能。

（4）良好的开放性。ABAQUS 是一个开放的体系结构，提供二次开发的接口，利用其强大的分析求解平台，可以解决更为复杂、困难的问题，而且节省大量时间，避免重复性的编程工作，使工程分析和优化设计更快更好。

由于土体具有非线性、非弹性、塑性体应变和剪胀性、塑性剪应变以及硬化与软化等复杂特性，岩土工程领域广泛采用的一些土体本构，如 Duncan-Chang 本构模型、南京水利科学研究院沈珠江的南水模型、香港理工大学 Li-Dafalias 的状态相关砂土本构模型等，都能很好地反映相关土体这些特征。ABAQUS 软件在地基土的模拟方面存在的最大的问题就是缺乏合理的土的本构模型，其内嵌的弹塑性模型只有 Mohr-Coulomb 模型、修正 Cambridge 模型和 Drucker-Prager 模型等简单的理想弹塑性模型，上述模型用于分析淤泥土与结构相互作用时存在较大的误差。为充分利用 ABAQUS 软件强大的非线性计算能力，借助程序的材料本构接口程序 UMAT，通过二次开发将土体南水本构模型加入 ABAQUS 软件中，提升了该软件分析岩土工程问题的能力。

5.2　南水模型在 ABAQUS 中的实现

5.2.1　土体双屈服面弹塑性模型——南水模型

南京水利科学研究院沈珠江院士提出的双屈服面弹塑性模型，服从广义塑性力学理论。该模型把屈服面看作是弹性区域的边界，采用塑性系数的概念代替传统的硬化参数的概念。

南水模型屈服面由椭圆函数和幂函数组成，如下式所示：

$$f_1 = p^2 + r^2 \tau^2 \tag{5.1}$$

$$f_2 = \tau^s / p \tag{5.2}$$

式中，$p = \dfrac{1}{3}(\sigma_1 + \sigma_2 + \sigma_3)$，$\tau = \dfrac{1}{2}[(\sigma_1 - \sigma_2)^2 + (\sigma_2 - \sigma_3)^2 + (\sigma_3 - \sigma_1)^2]^{1/2}$（$\tau$ 为剪应

力，可以取不同的形式，这里以八面体剪应力为例）；r 为椭圆的长短轴之比；s 为幂次。应变增量按下列公式计算：

$$\{\Delta \varepsilon^p\} = A_1 \{n_1\} \left\{\frac{\alpha f_1}{\alpha \sigma}\right\} \{\Delta \sigma\} + A_2 \{n_2\} \left\{\frac{\alpha f_2}{\alpha \sigma}\right\} \{\Delta \sigma\} \tag{5.3}$$

$$\Delta \varepsilon_{ij} = \Delta \varepsilon_{ij}^e + A_1 \Delta f_1 \frac{\alpha f_1}{\alpha \sigma_{ij}} + A_2 \Delta f_2 \frac{\alpha f_2}{\alpha \sigma_{ij}} = [D]^{-1} \{\Delta \sigma\} + A_1 \Delta f_1 \frac{\alpha f_1}{\alpha \sigma_{ij}} + A_2 \Delta f_2 \frac{\alpha f_2}{\alpha \sigma_{ij}} \tag{5.4}$$

写成具体形式为

$$\begin{aligned}
\Delta \varepsilon_V &= \frac{\Delta p}{K} + A_1 \frac{\partial f_1}{\partial p} \Delta f_1 + A_2 \frac{\partial f_2}{\partial p} \Delta f_2 \\
&= \frac{\Delta p}{K} + \left(4p^2 A_1 + \frac{\tau^{2s}}{p^4} A_2\right) \Delta p + \left(4r^2 p\tau A_1 - \frac{s\tau^{2s}}{P^3 \tau}\right) \Delta \tau
\end{aligned} \tag{5.5}$$

$$\begin{aligned}
\Delta \varepsilon_q &= \frac{\Delta \tau}{G} + \frac{2}{3}\left(A_1 \frac{\partial f_1}{\partial q} \Delta f_1 + A_2 \frac{\partial f_2}{\partial q} \Delta f_2\right) \\
&= \frac{\Delta \tau}{G} + \frac{2}{3}\left[\left(4r^4 \tau^2 A_1 + \frac{s^2 \tau^{2s}}{p^2 \tau^2} A_2\right) \Delta q + \left(4r^2 p\tau A_1 - \frac{s\tau^{2s}}{p^3 \tau} A_2\right) \Delta p\right]
\end{aligned} \tag{5.6}$$

或表示为

$$\{\Delta \sigma\} = [D]_{ep} \{\Delta \varepsilon\} \tag{5.7}$$

式中，A_1、A_2 为相应于屈服面 f_1、f_2 的塑性系数，为非负数；$\{n_1\}$、$\{n_2\}$ 为屈服面法线的方向余弦。设 f_{1max} 和 f_{2max} 为历史上最大的 f_1 和 f_2，则当 $f_1 > f_{1max}$ 且 $f_2 > f_{2max}$ 时判为全加荷；A_1 和 A_2 均大于零；当 $f_1 \leqslant f_{1max}$ 或 $f_2 \leqslant f_{2max}$ 时判为部分加荷，$A_1 = 0$ 或 $A_2 = 0$；当 $f_1 \leqslant f_{1max}$ 且 $f_2 \leqslant f_{2max}$ 时判为全卸荷 $A_1 = A_2 = 0$。$[D]$ 为弹性矩阵；$[D]_{ep}$ 为弹塑性矩阵。

针对常规三轴试验：

$$\Delta p = \frac{1}{3}(\Delta \sigma_1 + 2\Delta \sigma_3) = \frac{\Delta \sigma_1}{3} \tag{5.8}$$

$$\Delta \tau = \Delta \sigma_1 - \Delta \sigma_3 = \Delta \sigma_1 \tag{5.9}$$

$$\Delta \varepsilon_V = \Delta \varepsilon_1 + 2\Delta \varepsilon_3 \tag{5.10}$$

$$\Delta \varepsilon_q = \frac{2}{3}[(\Delta \varepsilon_1 - \Delta \varepsilon_2)^2 + (\Delta \varepsilon_2 - \Delta \varepsilon_3)^2 + (\Delta \varepsilon_3 - \Delta \varepsilon_1)^2]^{1/2} \tag{5.11}$$

$$E_t = \frac{\Delta \sigma_1}{\Delta \varepsilon_1}, \quad \mu_t = \frac{\Delta \varepsilon_3}{\Delta \varepsilon_1} \tag{5.12}$$

将式（5.8）~式（5.12）代入式（5.5）和式（5.6），可求得 A_1 和 A_2 为

$$A_1 = \frac{r^2\left(\dfrac{9}{E_t} - \dfrac{3\mu_t}{E_t} - \dfrac{3}{G_{ur}}\right) + 2s\left(\dfrac{3\mu_t}{E_t} - \dfrac{1}{B_{ur}}\right)}{(s + \eta^2 r^2)(1 + \eta r^2)} \tag{5.13}$$

$$A_2 = \frac{\left(\dfrac{9}{E_t} - \dfrac{3\mu_t}{E_t} - \dfrac{3}{G_e}\right) - r^2\eta\left(\dfrac{3\mu_t}{E_t} - \dfrac{1}{B_e}\right)}{(s + \eta^2 r^2)(s - \eta)} \tag{5.14}$$

式中，$\eta = \tau/p$；E_t 为切线杨氏模量；μ_t 为切线体积比，按下式计算：

$$E_t = \left[1 - \frac{R_f(1 - \sin\varphi)(\sigma_1 - \sigma_3)}{2c\cos\varphi + 2\sigma_3\sin\varphi}\right]^2 K_i p_a \left(\frac{\sigma_3}{p_a}\right)^n \tag{5.15}$$

$$\mu_t = 2c_d\left(\frac{\sigma_3}{p_a}\right)^{n_d} \frac{E_i R_s}{\sigma_1 - \sigma_3} \frac{1 - R_d}{R_d}\left(1 - \frac{R_s}{1 - R_s}\frac{1 - R_d}{R_d}\right) \tag{5.16}$$

c_d、n_d 和 R_d 为代替 G、F、D 的另外三个参数，物理意义为：c_d 为 $\sigma_3 = p_a$ 时的最大收缩体应变；n_d 为收缩体应变随 σ_3 的增加而增加的幂次；R_d 为发生最大收缩时的 $(\sigma_1 - \sigma_3)_d$ 与极限值 $(\sigma_1 - \sigma_3)_{ult}$ 之比。回弹时的体积和剪切模量按下式计算：

$$K_{ur} = \frac{E_{ur}}{3(1 - 2\upsilon)} \tag{5.17}$$

$$G_{ur} = \frac{E_{ur}}{3(1 + \upsilon)} \tag{5.18}$$

$$E_{ur} = K_{ur} p_a \left(\frac{\sigma_3}{p_a}\right)^n \tag{5.19}$$

应用 Prandtl-Reuss 流动法则可以推出应力-应变关系：

$$\Delta p = B_p \Delta \varepsilon_V - P \frac{\Delta e_{hk}}{\sigma_s} \Delta e_{hk} \tag{5.20}$$

$$\Delta s_{ij} = 2G \Delta e_{ij} - P \frac{\Delta s_{ij}}{\sigma_s} \Delta \varepsilon_V - Q \frac{s_{ij} s_{hk}}{\sigma_s^2} \Delta e_{hk} \tag{5.21}$$

$$\Delta \sigma_{ij} = \Delta p + \Delta s_{ij} \tag{5.22}$$

将式（5.22）展开后，可得弹塑性矩阵 $[D]_{ep}$ 的具体形式为

$$
\begin{bmatrix}
(B_p+\frac{4}{3}G)-\frac{P}{\sigma_s}\times(s_{11}+s_{11})-Q\frac{s_{11}}{\sigma_s^2}s_{11} & (B_p-\frac{2}{3}G)-\frac{P}{\sigma_s}\times(s_{11}+s_{22})-Q\frac{s_{11}}{\sigma_s^2}s_{22} & (B_p-\frac{2}{3}G)-\frac{P}{\sigma_s}\times(s_{11}+s_{33})-Q\frac{s_{11}}{\sigma_s^2}s_{33} & s_{12}[-\frac{P}{\sigma_s}-Q\frac{s_{11}}{\sigma_s^2}] & s_{13}[-\frac{P}{\sigma_s}-Q\frac{s_{11}}{\sigma_s^2}] & s_{23}[-\frac{P}{\sigma_s}-Q\frac{s_{11}}{\sigma_s^2}] \\
(B_p-\frac{2}{3}G)-\frac{P}{\sigma_s}\times(s_{11}+s_{22})-Q\frac{s_{22}}{\sigma_s^2}s_{11} & (B_p+\frac{4}{3}G)-\frac{P}{\sigma_s}\times(s_{22}+s_{22})-Q\frac{s_{22}}{\sigma_s^2}s_{22} & (B_p-\frac{2}{3}G)-\frac{P}{\sigma_s}\times(s_{22}+s_{33})-Q\frac{s_{22}}{\sigma_s^2}s_{33} & s_{12}[-\frac{P}{\sigma_s}-Q\frac{s_{22}}{\sigma_s^2}] & s_{13}[-\frac{P}{\sigma_s}-Q\frac{s_{22}}{\sigma_s^2}] & s_{23}[-\frac{P}{\sigma_s}-Q\frac{s_{22}}{\sigma_s^2}] \\
(B_p-\frac{2}{3}G)-\frac{P}{\sigma_s}\times(s_{11}+s_{33})-Q\frac{s_{33}}{\sigma_s^2}s_{11} & (3_p-\frac{2}{3}G)-\frac{P}{\sigma_s}\times(s_{22}+s_{33})-Q\frac{s_{33}}{\sigma_s^2}s_{22} & (B_p+\frac{4}{3}G)-\frac{P}{\sigma_s}\times(s_{33}+s_{33})-Q\frac{s_{33}}{\sigma_s^2}s_{33} & s_{12}[-\frac{P}{\sigma_s}-Q\frac{s_{33}}{\sigma_s^2}] & s_{13}[-\frac{P}{\sigma_s}-Q\frac{s_{33}}{\sigma_s^2}] & s_{23}[-\frac{P}{\sigma_s}-Q\frac{s_{33}}{\sigma_s^2}] \\
-\frac{P}{\sigma_s}s_{12}-Q\frac{s_{12}}{\sigma_s^2}s_{11} & -\frac{P}{\sigma_s}s_{12}-Q\frac{s_{12}}{\sigma_s^2}s_{22} & -\frac{P}{\sigma_s}s_{12}-Q\frac{s_{12}}{\sigma_s^2}s_{33} & (G-Q\frac{s_{12}}{\sigma_s^2}s_{12}) & -Q\frac{s_{12}}{\sigma_s^2}s_{13} & -Q\frac{s_{12}}{\sigma_s^2}s_{23} \\
-\frac{P}{\sigma_s}s_{13}-Q\frac{s_{13}}{\sigma_s^2}s_{11} & -\frac{P}{\sigma_s}s_{13}-Q\frac{s_{13}}{\sigma_s^2}s_{22} & -\frac{P}{\sigma_s}s_{13}-Q\frac{s_{13}}{\sigma_s^2}s_{33} & -Q\frac{s_{13}}{\sigma_s^2}s_{12} & (G-Q\frac{s_{13}}{\sigma_s^2}s_{13}) & -Q\frac{s_{13}}{\sigma_s^2}s_{23} \\
-\frac{P}{\sigma_s}s_{23}-Q\frac{s_{23}}{\sigma_s^2}s_{11} & -\frac{P}{\sigma_s}s_{23}-Q\frac{s_{23}}{\sigma_s^2}s_{22} & -\frac{P}{\sigma_s}s_{23}-Q\frac{s_{23}}{\sigma_s^2}s_{33} & -Q\frac{s_{23}}{\sigma_s^2}s_{12} & -Q\frac{s_{23}}{\sigma_s^2}s_{13} & -(G-Q\frac{s_{23}}{\sigma_s^2}s_{23})
\end{bmatrix}
$$

南水模型有 9 个参数，分别为 c、φ、K、n、K_{ur}、R_f、c_d、n_d、R_d，这 9 个参数全部可以通过三轴排水试验获得。

南水模型具有以下特点：

（1）南水模型为弹塑性模型，在理论上比较接近土体应力变形的实际情况，理论体系比较严密；

（2）体积应变和轴向应变 ε_V-ε_a 的抛物线假设，使其能够反映土体的剪胀性；

（3）模型的大部分参数获取简单，且在工程分析中积累了大量的经验。

5.2.2 南水模型计算程序的开发

ABAQUS 允许通过子程序以代码的形式来拓展主程序的功能，并提供了强大而又灵活的子程序和应用程序接口。ABAQUS 包括 43 个子程序接口和 15 个应用程序接口，可以定义边界条件、载荷条件、接触条件、材料特性及用子程序与其他应用软件进行数据交换等。

子程序使得解决具体工程问题时具有很大的灵活性，极大地拓展了软件功能。如通过定义单元接口，可以自定义任何类型的线性或非线性单元都可以引入模型

中，也可以通过材料子程序接口，定义任何补充的材料本构模型，不但任意数量的材料常数可以作为资料被读取，而且对任意数量的与求解相关的状态变量在每一材料积分点都提供存储功能，以便调用。

子程序必须按照 ABAQUS 提供的相应接口，按照 FORTRAN 或 C 语言语法，编写代码。子程序是一个独立的程序单元，可以独立存储和编译，也可以被其他程序引用，可以带回大量数据供引用程序使用，也可以完成各种特性功能。子程序一般结构形式为

```
SUBROUTINE（x1,x2,…,xn）
INCLUDE 'ABA_PARAM.INC'（适用于 ABAQUS/Standard 子程序）
INCLUDE 'VABA_PARAM.INC'（适用于 ABAQUS/Explicit 子程序）
……
  RETURN
END
```

x1, x2,…, xn 是子程序参数接口，有些参数是 ABAQUS 传递给子程序的，有的需要自己定义，文件 ABA_PARAM.INC 或 VABA_PARAM.INC 随着 ABAQUS 软件的安装而包含在操作系统中，它们含有重要的参数，帮助 ABAQUS 主求解程序对子程序进行编译和链接。当控制遇到 RETURN 语句时便返回到引用程序单元中去，END 语句是用户子程序结束的标志。可以用到多个子程序，但必须把它们放在一个以.for 为扩展名的文件中。

用户材料子程序（UMAT）是 ABAQUS 提供给用户定义自己的材料属性的 FORTRAN 程序接口，使用户能使应用 ABAQUS 材料库中没有定义的材料模型。用户材料子程序（UMAT）通过与 ABAQUS 主求解程序的接口实现与 ABAQUS 的资料交流。在输入文件中，使用关键词"*USER MATERIAL"表示定义用户材料属性。

UMAT 子程序具有强大的功能，使用 UMAT 子程序：

（1）可以定义材料的本构关系，使用 ABAQUS 材料库中没有包含的材料本构计算，扩充程序功能。

（2）几乎可以用于力学行为分析的任何分析过程，可以把材料属性赋予 ABAQUS 中的任何单元。

（3）必须在 UMAT 中提供材料本构的雅可比（Jacobian）矩阵，即应力增量与应变增量的变化率。

由于主程序与 UMAT 之间存在数据传递，甚至共享一些变量，因此必须遵守有关 UMAT 的书写格式和提高子程序运行效率，按如图 5.1 步骤编制用户子程序。

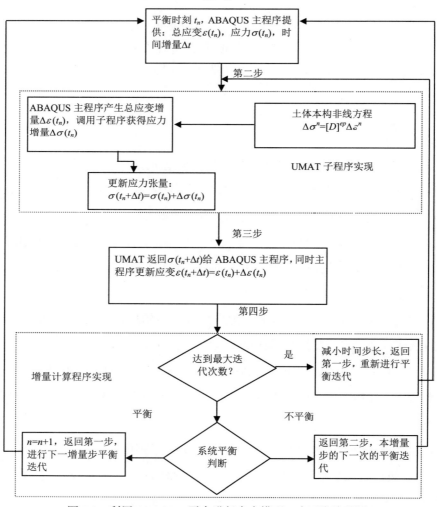

图 5.1   利用 ABAQUS 平台进行南水模型二次开发流程图

5.3　桶式结构与地基土接触模拟

5.3.1　结构物与土体接触的力学描述

土与结构体之间相互作用在岩土工程中非常普遍，由于土体与结构体一般在力学性质方面相差很大，在受力情况下，土体与结构体之间除了力的传递外，还可能产生相对位移，如相对错位或开裂等，这使得土体与结构体之间将不再是一个变形连续的整体。如果在有限单元法计算过程中将两种不同介质的单元直接耦合计算，必然导致较大误差甚至不合理，同时存在计算收敛的问题。

土体与结构的接触是一个高度非线性的问题，不仅需要确定两者之间的接触状态，而且需要确定接触面上接触行为的模型。由于桶体结构的强度远远大于地基土，因而在有限元计算中将结构界面作为接触主面，而土体界面为接触从面。在接触过程中，当出现单元侵入现象时，规定从面节点不容许侵入主面，而主面节点没有限制，可以在从面节点之间发生侵入，而这与实际工程是一致的。

接触行为包括接触面法向作用和切向作用。混凝土面与地基土之间的法向接触采用硬接触，即压力直接传递，没有衰减，主、从接触面发生脱离时，接触应力小于 0，主从接触面法向相互挤压时，不产生侵入变形。

切向作用采用罚函数方法计算，允许"弹性滑动"，如图 5.2 所示，即在黏结的接触面之间允许小的相对运动。当接触面处于闭合状态时，接触面存在摩擦力。若摩擦力小于某一极限值 τ_c 时，认为接触面处于黏结状态；接触面间的剪应力为

$$\tau \leqslant \tau_c = \mu_s p \tag{5.23}$$

主、从接触面发生相对滑动时，主、从面之间为滑动摩擦，并处于滑移状态，接触面间的剪应力为

$$\tau = \mu_k p \tag{5.24}$$

式中，τ 为剪切应力；μ_s 为静摩擦系数；p 为法向应力；μ_k 为滑动摩擦系数。从静止摩擦到滑动摩擦状态的摩擦系数变化如图 5.3 所示，d_c 为衰减系数；$\dot{\gamma}_{eq}$ 为黏结状态时接触面上的剪应变率。

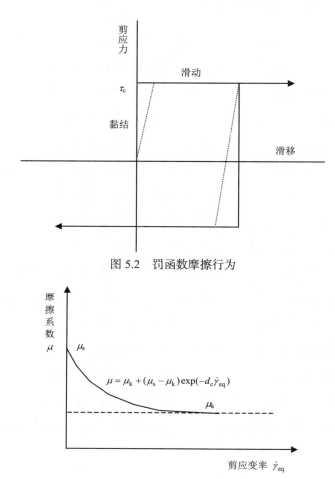

图 5.2　罚函数摩擦行为

图 5.3　静止摩擦系数到滑动摩擦系数的变化

在理想状况下，接触面在滑移状态之前，没有产生剪切变形，因而这会导致数值计算收敛上的困难，为此需要对数值进行光滑处理——引入弹性滑移变形。弹性滑移变形是指两接触表面黏结在一起时，容许从面发生少量的相对滑移变形，如图 5.2 中虚线的斜率。

5.3.2　接触力学算法

接触问题属于带约束条件的泛函极值问题，最常用的方法包括 Lagrange 乘子法、罚函数法以及基于求解器的直接约束法。用直接约束法处理接触问题是追踪物体的运动轨迹，一旦探测出发生接触，便将接触所需的运动约束（即法向无相对运动，切线可滑动）和节点力（法向压力和切向摩擦力）作为边界条件直接施加在产生接触的节点上。这种方法对接触的描述精度较高，具有普遍适应性，此外不需要增加特殊的界面单元，也不涉及复杂的接触条件变化。该方法不增加系统的自由度，本书采用基于直接约束法的接触迭代算法来处理边界非线性问题。根据以上分析，建立有限元平衡方程为

$$[K]\{\Delta U_n\} = \{\Delta F\} + \{\Delta R\} \tag{5.25}$$

式中，$[K]$ 为总刚度矩阵；$\{\Delta F\}$ 为节点外载荷矢量增量；$\{\Delta R\}$ 为接触界面节点接触力矢量增量。

由于接触面的非线性，在用直接约束法进行接触分析时，主要采用的是试探-校核的迭代方法（也叫探测法）来探测接触面的接触情况，每一增量步的试探-校核过程可以表述如下：

（1）根据前一增量步的计算结果和本步给定的载荷条件，通过接触条件的检查和搜寻，假设此步第 1 次迭代求解时接触面的区域和状态。

（2）根据上述关于接触区域和状态所作的假设，对于接触面上的每一点，将运动学或动力学上的不等式约束作为定解条件，引入方程并进行方程的求解。

（3）利用接触界面上的约束条件与所对应的动力学和运动学的不等式作为校核条件对解的结果进行检查，如果物体表面的每一点都不违反条件，则完成本步求解，转入下一增量步的计算。否则，回到步骤（1）再次进行搜寻和迭代求解，直至每点都满足校核条件，然后转入下一增量步的求解，直到判断出两个面正好处在刚好接触的状态。

在接触问题的有限元分析中，对接触面是否接触的判断，是进行整个有限元

分析的关键。按上面的方法搜索和判断到接触的两个面处在刚好接触时就按有限元的步骤进行求解。这里刚好接触指的是接触面的距离在接触容限之内，即认为刚好接触，接触面力学分析计算流程如图 5.4 所示。

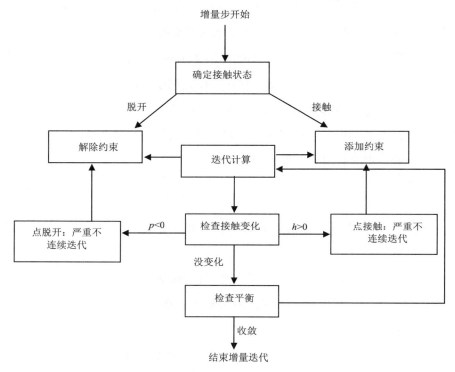

图 5.4　接触面力学分析计算流程

5.4　本 章 小 结

分析桶式基础结构变位与稳定性的关键是揭示结构与地基的相互作用机理及规律，鉴于现有数值计算方法无法很好地反映地基土的弹塑性本构关系和结构与地基的接触性状，将土体南水本构模型通过二次开发嵌入 ABAQUS 有限元软件中，并引入接触力学算法分析不同刚度材料的接触问题，建立桶式基础结构与软土地基共同作用数值仿真平台。

第6章　桶式基础结构与地基共同作用数值计算

本章基于开发的结构与地基共同作用数值仿真平台，以连云港港徐圩港区直立式东防波堤工程为研究对象，对新型桶式基础结构防波堤在运营期波浪荷载和港侧回填荷载作用的结构内力、变位及稳定性进行有限元分析，分别介绍了桶式基础结构防波堤三维有限元计算模型的建立、计算参数的选取、波浪荷载及港侧回填情况下防波堤的变形和稳定性计算结果。

6.1　桶式基础结构有限元计算模型

6.1.1　数值模型的建立

对桶式基础结构防波堤变形与稳定性数值计算作如下假设：

（1）不考虑桶体负压下沉对地基土性质的影响；

（2）同一层内土体视为均质各向同性材料；

（3）不考虑地震荷载的影响；

（4）不考虑软黏土的流变特性。

利用 ABAQUS 软件，建立如图 6.1 所示的三维有限元分析模型，设防波堤轴线方向为 x 轴，y 轴方向为垂直防波堤轴线方向，正向指向海侧，负向指向港侧，从防波堤结构两侧边缘向海侧和陆侧各延伸 50m，y 方向计算宽度 100m；z 方向为竖直方向，模型底部施加三个方向约束，周围施加法向约束，顶部为自由边界。模型土体分为两层，上层为淤泥土，厚 9.5m，下层为粉质黏土，厚 24.5m。模型下桶盖板与原地基面齐平，下桶桶壁贯穿整个淤泥土层，底部进入粉质黏土层1.5m。

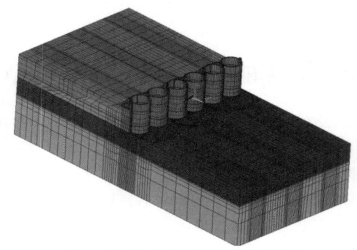

图 6.1　桶式基础结构防波堤有限元计算模型

　　土体采用 C3D8 单元，为了让结构下桶能够进入地基中，在地基模型中预先为下桶（包括肋板）结构留出空间。桶式基础结构为钢筋混凝土材料，采用线弹性实体单元模拟（C3D8），材料的本构模型采用线弹性模型。该单元不仅可以考虑结构的变形和弯曲，而且还能获得结构的应力及弯矩。

6.1.2　地基与桶体结构接触的模拟

　　对于桶式基础防波堤，存在大量的接触问题，如下桶内外两侧表面和地基土体的接触，肋板两侧表面和地基土体的接触，下桶顶部内侧表面与地基土体的接触，下桶底部表面与地基土体的接触，肋板底部表面与地基土体的接触，上筒港侧表面与回填土体的接触，以及上、下桶的连接问题。本研究中，除上、下桶的连接采用"绑定"的方法外，其他接触均采用"接触对"的方法。

　　桶体结构与地基土之间切向设置为小滑移接触，法向为硬接触，而切线方向设置最大摩擦力，当切向摩擦力小于最大摩擦力时为静摩擦，大于最大摩擦力时转为滑动摩擦。设置"接触对"时结构都为主面，土体均为从面，主面可以穿透到从面内，但是从面不能穿透到主面中。这样，当下桶沉入土体中时，下桶与肋板侧表面受到的切向力为摩擦力，切向力为地基土体作用在结构上的静止土压力。

6.1.3　计算参数的确定

桶式基础结构由上筒和下桶组成，其中下桶包括桶壁、隔仓和肋梁，均为钢筋混凝土结构，计算时采用线弹性模型来模拟其应力应变关系。钢筋混凝土线弹性模型参数有两个，分别为杨氏模量 E 和泊松比 μ，按材料参数，取杨氏模量 E 为 30GPa，泊松比 μ 为 0.167。

取连云港港徐圩港区桶式基础结构防波堤工程所在区域的地基原状土样进行固结压缩试验和三轴试验，获取有限元计算中地基土的本构模型参数。

进行了四组三轴固结排水试验，试验前测定了原状土样的含水率、密度，见表 6.1，其中编号为 2-11 试验所用的土样来自三个试样（P1-15、P2-11、P1-13）。

表 6.1　地基土物理参数表

试验室编号	土样编号	取土深度/m	含水率 w/%	湿密度 ρ/(g/cm³)	干密度 ρ_d/(g/cm³)	备注
1-3	P1-3	4.25	64.1	1.68	1.02	
2-7	P2-7	12.25	53.4	1.73	1.13	
2-11	P1-15	23.25	28.0	1.94	1.52	σ_3=100kPa
	P2-11	20.75	27.3	1.99	1.56	σ_3=200kPa, 300kPa
	P1-13	20.25	19.5	2.07	1.73	σ_3=400kPa
2-16	P2-16	28.25	35.2	1.87	1.38	

根据三轴剪切试验所测得的主应力差（$\sigma_1 - \sigma_3$）与轴向应变 ε_a 及体应变 ε_V 与轴向应变 ε_a 之间的关系曲线，整理出土体在不同试验条件下的强度特性指标，并求出南水模型的相关参数，见表 6.2。

表 6.2　徐圩港区防波堤地基土南水模型参数表

土样名称	φ_0 /(°)	$\Delta\varphi$ /(°)	K	n	R_f	c_d	n_d	R_d
淤泥	27.2	1.48	23.0	0.87	0.87	0.0830	0.133	0.55
粉质黏土	31.5	3.40	67.5	0.70	0.70	0.0383	0.350	0.73

地基土体的初始侧压力系数 K_0 是一个非常重要的参数，它一方面决定了防波

堤结构下桶与地基之间摩擦力的大小；另一方面作为土体的水平抗力对结构变形与整体稳定性起决定性作用。本计算过程中，K_0 通过下式计算：

$$K_0 = 1 - \sin\varphi \tag{6.1}$$

式中，φ 为土体的内摩擦角。对于淤泥层，$\varphi=2.3°$，$K_0=0.96$；对于粉质黏土层，$\varphi=11.5°$，$K_0=0.8$。

地基土体与防波堤上下桶结构接触面的摩擦系数通过离心模型试验获得，根据离心模型试验，得到桶体结构与地基土的摩擦系数为 0.12~0.14，考虑到现场负压下沉对淤泥层的扰动，在数值计算中取摩擦系数为 0.115。

对于波浪力的模拟，传统的拟静力法是按规范将总的波浪力加在合力作用点上。根据连云港港徐圩港区防波堤工程的波浪研究成果，对于 50 年一遇设计高水位 5.41m、桶顶高程 10.5m 和桶壁开孔这种情形，最大总波浪力和最大总波吸力分别为 12 048kN 和−8480kN，相应的最大力矩和最小力矩分别为 97 600kN·m 和 −45 920kN·m，合力作用点到淤泥面的距离分别为 8.10m 和 5.42m。

6.1.4　地基初始应力场的模拟

在岩土数值计算中，初始应力场的模拟对于具有复杂本构关系的非线性问题和接触问题的计算非常重要，是后继分析正确与否的关键。由于在桶式基础防波堤施工前，地基为水平成层地基且已基本固结完成，土体处于自重应力下的平衡状态。

有限元计算中通常将上覆土体质量作为竖向应力，再根据静止侧压力系数 K_0 计算水平应力，初始地应力场的施加需要满足平衡条件和屈服条件，满足平衡条件即要求地基应力场等效节点荷载与外荷载相平衡，满足屈服条件是使得计算域内的应力不超过屈服面。在 ABAQUS 中可通过 *INITIAL CONDITIONS 等命令在地应力分析步 Geostatic 中定义初始应力场，得到一个既满足应力平衡且初始位移接近于 0 的地应力场。

6.2　波浪荷载作用下桶式基础防波堤数值计算结果

分析桶式基础结构稳定安全应重点关注两个工况，即防波堤在波浪荷载作用下的变形与整体稳定性，以及防波堤在港侧回填条件下的整体稳定性。

6.2.1　桶式基础结构变位控制点的选取

为了更直观地分析桶式基础结构防波堤的变形和稳定性，在所建立的三维有限元模型中选取结构变位控制点为 A 点、B 点和 C 点，如图 6.2 所示。以波浪方向为坐标 x 轴的负方向，以竖直向上为坐标 z 轴正方向。选取坐标 x-z 平面内，结构下桶顶板上部中心位置为控制点 A，下桶顶板圆弧顶点与港侧桶壁交接处为控制点 B，港侧桶壁底端外趾处为 C 点。由数值模拟结果输出可得到控制点 A 和 B 沿 z 方向的竖向位移为（U_{Az1}、U_{Bz1}），沿 x 方向的水平位移为（U_{Ax1}、U_{Bx1}）。由于结构整体刚度远大于软土地基，可以近似看成刚体，则整个结构刚体的转角 θ 可由 U_{Az1}、U_{Bz1} 及 A 点与 B 点之间的距离 L_{AB} 推导得出，如图 6.3 所示。转角 θ 为

$$\theta = \arcsin \frac{U_{Bz1} - U_{Az1}}{L_{AB}} \tag{6.2}$$

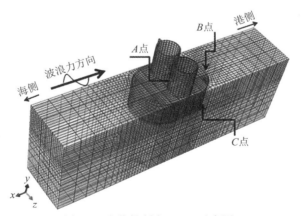

图 6.2　变位控制点 A、B 示意图

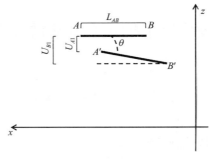

图 6.3　结构转角 θ 示意图

桶式结构防波堤的位移可以由其上的变位控制点 A 点和 B 点的位移和圆筒整体的转角 θ 来控制。

6.2.2　极限波浪荷载作用下桶式结构防波堤与地基土的变形

图 6.4 和图 6.5 为桶式基础结构防波堤在 50 年一遇极限波浪荷载作用下整体模型的竖向和水平位移分布云图。从图中可以看出，防波堤最大竖向位移10.68cm，方向向下，发生在防波堤下桶港侧边缘的控制点 B 上；最小竖向位移 3.8cm，方向向上，发生在防波堤下桶海侧边缘，结构差异沉降为14.48cm。在波浪荷载的作用下，防波堤结构向港侧发生倾斜，倾斜角为 0.277°；结构最大水平位移为 14.9cm，指向港侧，发生在结构顶部，最小水平位移为 3.64cm，指向港侧，发生在结构底部位置。

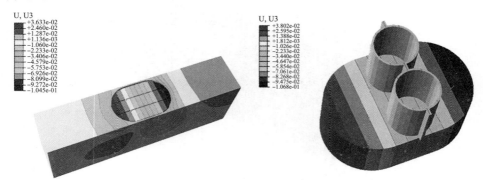

（a）地基土竖向位移分布云图　　　　（b）结构竖向位移分布云图

图 6.4　极限波浪荷载作用下有限元模型竖向位移分布云图（单位：m）

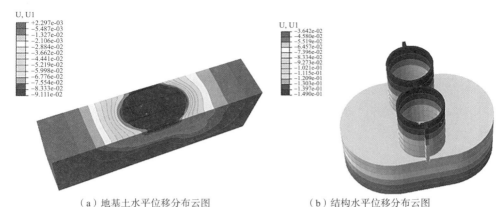

（a）地基土水平位移分布云图　　　　　　（b）结构水平位移分布云图

图 6.5　极限波浪荷载作用下有限元模型水平位移分布云图（单位：m）

图 6.6 为 50 年一遇设计最大波浪荷载作用下地基土的总应变分布云图。从图中可以看出，在波浪荷载作用下，桶式基础的桶壁和隔仓底部对地基土体产生挤压，地基土发生较大的剪应力和总应变，其中港侧桶体底部内趾到外趾处出现一个近似球面形发散的总应变区域。不过土体其他部位的总应变值较小，地基保持稳定。

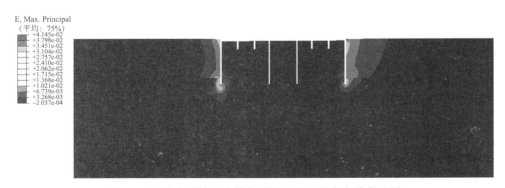

图 6.6　波浪力设计最大值作用下地基土总应变分布云图

图 6.7 为 50 年一遇设计最大波浪荷载作用下地基土中剪应力分布云图，下桶底部地基土体剪应力在 6~15kPa。整个地基中最大剪应力为 18kPa，仅发生在下桶底部与土体基础附近的局部位置，不会对地基土层整体造成破坏。综上所述，桶式结构防波堤在 50 年一遇的最大波浪力作用下不会发生滑动或者倾覆失稳，结构

处于稳定安全状态。

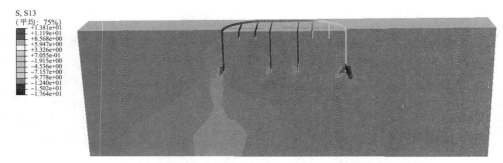

图 6.7　波浪力设计最大值作用下地基剪应力压力分布云图（单位：kPa）

6.2.3　不同波浪荷载作用下桶式结构防波堤的变位分析

在桶式基础结构防波堤有限元模型上施加不同级别的波浪荷载，得到各级波浪荷载作用下结构与地基的变位特点。根据数值计算结果分别得出位移控制点 B 点水平和竖向位移随各级波浪荷载的变化曲线，并根据公式（6.2）和数值模拟所得控制点 A 和 B 沿 z 方向的竖向位移（U_{Az1}、U_{Bz1}）计算出结构倾角随各级波浪荷载的变化曲线，如图 6.8~图 6.10 所示。

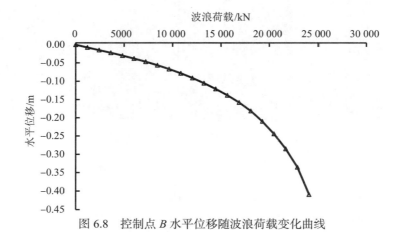

图 6.8　控制点 B 水平位移随波浪荷载变化曲线

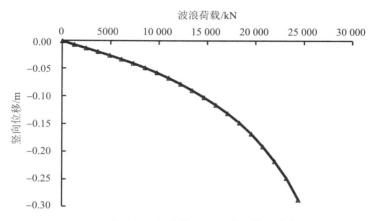

图 6.9　控制点 B 竖向位移随波浪荷载变化曲线

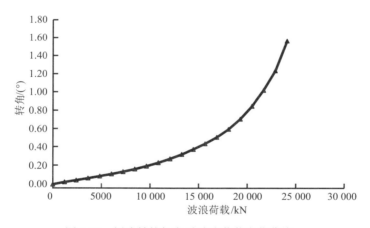

图 6.10　桶式结构倾角随波浪荷载变化曲线

由图 6.8~图 6.10 可以看出波浪荷载较小时，位移与荷载大致为线性关系，随着波浪荷载的增大，出现非线性段，同时曲线随着波浪荷载的增加越来越陡。当波浪荷载继续增大，土体的塑性区逐渐扩展。当波浪荷载达到近 2×10^4kN 后，土体进入完全屈服状态后，应力不再增加，变形幅度加快，从而使整个结构的波浪荷载-变位曲线出现明显的非线性拐点。

在较大波浪荷载（如风暴潮）或者台风、地震等极端条件下，外荷载会对防波堤和地基造成损害，结构与地基土的摩阻力和软土的黏聚力有可能不足以满足结构抗滑和抗倾覆的要求，导致结构整体失稳。目前，桶式基础防波堤失稳判别标准包括：地基极限承载力判别标准、荷载-位移曲线判别标准、位移控制判别标准等。苏联 1986 年出版的《有关大直径薄壳码头建筑物计算与设计的方法建议》中提出了码头建筑物变位控制值，水平位移、垂直位移以及转动变位的控制值分别取为 10cm、20cm 和 0.46°。把结构的极限控制变位作为结构整体稳定的判别标准具有很强的直观性，在设计波浪值作用下结构发生的变形和位移小于允许值，则结构是处于稳定的。当采用这种基于允许变位值作为失稳判别标准时，由图 6.8 可以看出水平位移达到 10cm 时所对应的结构极限承载波浪力为 1.25×10^4kN；由图 6.9 可以看出竖向位移达到 20cm 时所对应的结构极限承载波浪力为 1.98×10^4kN；由图 6.10 可以看出当桶体倾角达到 0.3°时所对应的结构极限承载波浪力为 1.2×10^4kN。取三个控制值对应的最小值，得极限承载波浪力为 1.2×10^4kN。

虽然根据工程允许变位的判别标准得到的波浪力只有 12 000kN，但实际上当波浪力继续增大时，桶体结构整体上仍然是稳定的。图 6.11 是当波浪荷载达到 2 倍设计最大波浪力时结构和地基的网格变形图，为了更直观的显示，通过软件将变形放大了 5 倍。

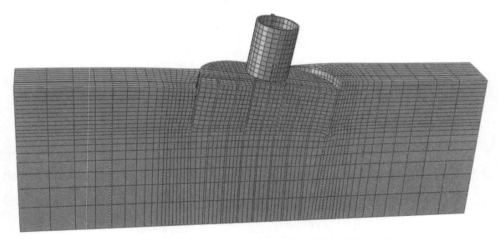

图 6.11　波浪荷载为 24 096kN 时模型的变形图（放大 5 倍）

从图中可以明显地看到，在该波浪荷载的作用下单桶多隔仓结构防波堤出现了倾覆变位。在此波浪荷载作用下桶体向港侧土体挤压，该侧土体出现了挤压隆起现象；由于倾覆变位，海侧下桶顶部和港侧外桶壁底部均出现了结构和土体的分离，桶体的海侧前趾翘起，结构与地基土分离，同时桶体的嵌固作用充分发挥。在桶体变位过程中桶内土和桶内壁结合比较紧密，桶内土体和桶体内壁及隔仓的分离现象不明显。

6.3　港侧回填情况下防波堤的变形与稳定

6.3.1　回填淤泥情况下结构与地基共同作用有限元分析结果

考虑在极限高水位、设计高水位、常水位、设计低水位、极限低水位等不同水位条件下，港侧回填淤泥对桶式基础结构的变形与稳定性的影响。根据计算结果，极限低水位条件下结构的内力及变位最大，为最不利工况。

图 6.12 和图 6.13 为极限低水位情况下港侧吹填淤泥后整体的竖向和水平向位移分布云图，防波堤整体的最大沉降量为 56.96cm，发生在吹填侧土体内部，整体最大水平位移为 21.3cm，方向指向海侧，发生在防波堤下桶港侧土体内部。

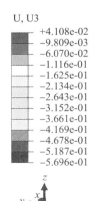
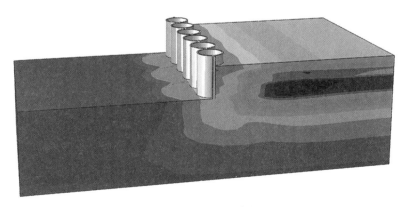

图 6.12　防波堤整体的竖向位移分布云图（单位：m）
工况：回填淤泥，极端低水位，无浪压力

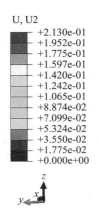

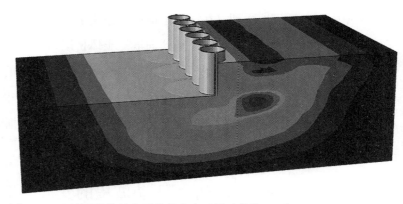

图 6.13 防波堤整体的水平位移分布云图（单位：m）

工况：回填淤泥，极端低水位，无浪压力

图 6.14 和图 6.15 为极端低水位情况下港侧吹填淤泥后结构的竖向和水平向位移分布云图，结构最大竖向位移为 18.6cm，发生在下桶港侧边缘位置，最小竖向位移为 6.3cm，发生在下桶海侧边缘位置；最大水平位移为 16.7cm，发生在下桶底部位置，指向海侧，最小水平位移为 6.9cm，发生在结构顶部位置，指向海侧，结构整体向海侧移动，并向港侧倾斜 0.235°。

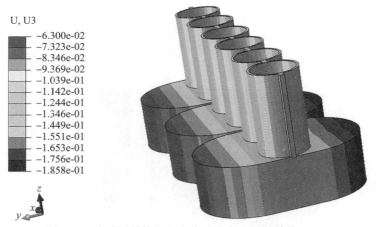

图 6.14 防波堤结构的竖向位移分布云图（单位：m）

工况：回填淤泥，极端低水位，无浪压力

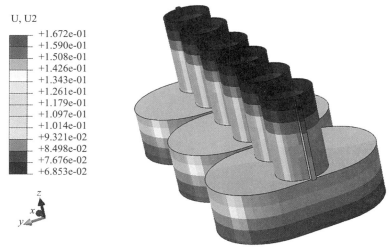

图 6.15　防波堤结构的水平位移分布云图（单位：m）
工况：回填淤泥，极端低水位，无浪压力

图 6.16 为极端低水位情况下港侧吹填淤泥后地基土体剪应力分布云图，下桶底部绝大部分土体的剪应力在 46kPa 以下。

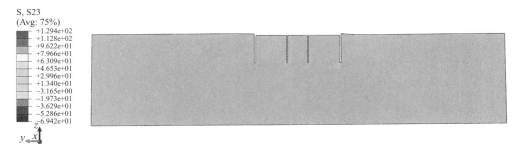

图 6.16　地基土体剪应力分布云图（单位：kPa）
工况：回填淤泥，极端低水位，无浪压力

6.3.2　回填砂情况下波浪-结构-地基共同作用有限元分析结果

由于回填淤泥情况下，桶式结构的位移和转角较大，考虑港侧回填材料改为袋装砂，计算了极限低水位下桶式基础结构的内力与变位。

图 6.17 和图 6.18 为极端低水位情况下港侧回填袋装砂后整体的竖向和水平位移分布云图；图 6.19 和图 6.20 为该工况下结构的竖向和水平位移分布云图，结构

最大竖向位移为 26.4cm，方向向下，发生在下桶港侧边缘位置，最小竖向位移为
2.8cm，方向向下，发生在下桶海侧边缘位置；最大水平位移为 15.8cm，指向海
侧，发生在结构底部，最小水平位移为 3.2cm，指向港侧，发生在结构顶部，结构
向港侧倾斜 0.451°。

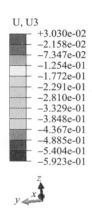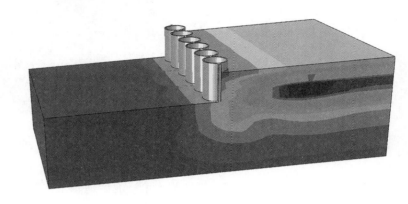

图 6.17　防波堤整体竖向位移分布云图（单位：m）
工况：回填袋装砂，极端低水位，无浪压力

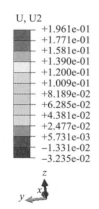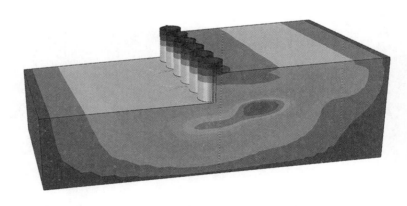

图 6.18　防波堤整体水平位移分布云图（单位：m）
工况：回填袋装砂，极端低水位，无浪压力

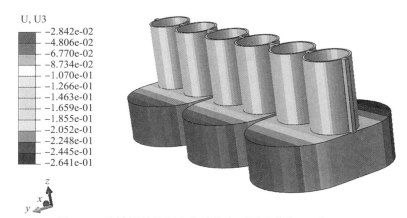

图 6.19　防波堤结构竖向位移分布云图（单位：m）

工况：回填袋装砂，极端低水位，无浪压力

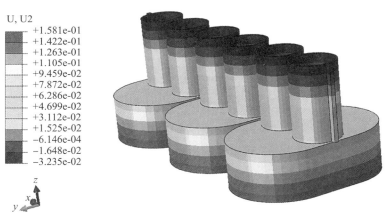

图 6.20　防波堤结构水平位移分布云图（单位：m）

工况：回填袋装砂，极端低水位，无浪压力

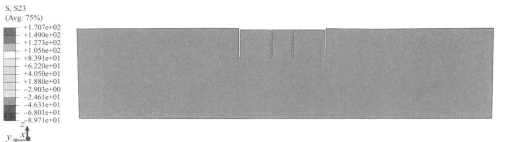

图 6.21　地基剪应力分布云图（单位：kPa）

工况：回填袋装砂，极端低水位，无浪压力

图 6.21 为极端低水位情况下港侧回填袋装砂后地基剪应力分布云图，最大剪应力为 170kPa，发生在下桶底部与土体接触位置附近，下桶底部绝大部分土体的剪应力在 18~62kPa，接近土体的抗剪强度。

6.4　本　章　小　结

利用 ABAQUS 平台，建立了考虑地基土弹塑性本构关系和桶体与地基土相互作用的桶式基础结构防波堤三维有限元分析模型，研究了波浪荷载和回填荷载作用下桶式基础结构受力与变形特性。

（1）桶式基础结构防波堤在 50 年一遇的最大波浪力作月下并没有出现滑动或者倾覆失稳情况，结构基本是稳定的。波浪荷载作用下防波堤最大竖向位移和水平位移均发生在桶式基础结构上，并且向港侧发生倾斜。土体最大剪应力只发生在下桶底部与土体基础附近的局部位置，不会对地基土层整体造成破坏。

（2）在极限低水位情况下，结构的差异沉降和位移均最大，但在该工况下结构可保持稳定，不会发生失稳破坏。当防波堤港侧回填，桶式基础作为岸壁结构后，桶体的位移量显著增加。回填侧吹填淤泥情况下，结构整体向海侧移动，同时发生港侧倾斜；回填袋装砂情况下，结构底部向海侧移动，顶部向回填侧移动，整体向回填侧倾斜。

第7章 桶式基础结构防波堤与地基共同作用分析

本章基于桶式基础结构防波堤三维数值仿真分析数据，结合模型试验结果，通过简化分析，提出桶壁土压力、桶体摩阻力的计算方法，分析了荷载大小、作用高度及地基土特性对新型桶式基础结构防波堤的土压力、变位及内力的影响，研究了桶体结构转动中心的位置及其影响因素，建立了桶式基础结构抗倾覆和抗滑稳定性计算解析方法，得出抗倾覆稳定系数和抗滑稳定系数计算公式。

7.1 桶式结构桶壁土压力分析

7.1.1 桶壁土压力分析点

波浪荷载作用下，桶体发生竖向和水平位移及向港侧的转动，在其转动中心海侧桶壁土压力减小，形成主动土压力区，陆侧桶壁土压力增大，形成被动土压力区。为分析桶壁土压力分布状况，取桶壁周围 8 个截面，每个截面上沿深度方向取 6 个点。另外，为分析土压力沿桶壁环向分布，沿桶壁圆弧段的海侧及港侧分别取 $A_1 \sim A_6$、$P_1 \sim P_6$ 共 12 个截面，其中重点分析海侧圆弧段 S_1、S_2、S_8 断面，陆侧 S_4、S_5、S_6 断面及长轴中心线 S_3、S_7。沿深度在每个截面上取 6 个分析点，即从下桶顶部以下的 0.40~9.50m（盖板厚 0.4m）每隔 1.82m 取一个点进行分析[47]。如图 7.1 所示。

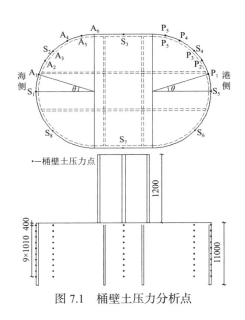

图 7.1 桶壁土压力分析点

7.1.2 桶壁土压力沿竖向分布

设 50 年一遇的波浪荷载合力为 P_{pp}，施加在模型上的荷载 P，当 $P/P_{pp}=1$ 时，桶壁土压力分布如图 7.2 所示。

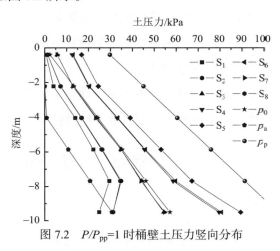

图 7.2　$P/P_{pp}=1$ 时桶壁土压力竖向分布

图中 p_0、p_a、p_p 分别为用朗肯土压力理论计算的静止土压力、主动土压力和被动土压力。从图 7.2 可以看出，海侧圆弧段 S_1、S_2、S_8 土压力处于主动土压力与静止土压力之间，陆侧圆弧段 S_4、S_5、S_6 土压力处于静止土压力与被动土压力之间。海侧圆弧顶段 S_1 土压力最小，圆弧段对称点上的 S_2、S_8 土压力相等；两侧直壁段 S_3、S_7 土压力相等，与静止土压力较为接近；陆侧圆弧顶段 S_5 土压力最大，圆弧段对称点 S_4、S_6 土压力相等。

在桶壁上部 0~2.22m 范围内，土压力沿深度增长均较慢，桶壁中部 2.22~7.68m，桶壁土压力沿深度线性增长，增长速率大致与静止土压力增长速率相等，在桶壁下部 7.68~9.50m 范围内，海侧及直壁侧土压力增长速率减小，陆侧桶壁土压力增长速率增大。

在波浪荷载作用下，桶式基础结构整体向港侧位移并发生转动，因此，在海侧桶体整个桶壁土压力小于静止土压力，港侧桶体整个桶壁土压力大于静止土压力。另外，由于下桶内部有较多隔墙，整体刚度很大，在软土中，桶壁变形很小，致使桶体土压力分段线性分布。

不同荷载水平下，桶壁土压力分布如图 7.3~图 7.5 所示。图中可以看出，不同荷载水平下，桶壁土压力分布类似，在桶壁上部增长速率较静止土压力慢，在桶体中部增长速率与静止土压力接近，在桶体下部，主动侧土压力减小，被动侧土压力增长速率较静止土压力大。土压力沿深度分布为分段线性分布，在海侧的圆弧段为主动区，陆侧圆弧段为被动区，两侧直壁段为静止土压力区。

在同一荷载水平下，$p_a < p_{s_1} < p_{s_3}$，$p_0 < p_{s_5} < p_p$（p_{s_i} 为 S_i 截面上的桶壁土压力），即海侧桶壁圆弧顶端土压力最小，沿圆弧段向桶体两侧直壁段逐渐增加至静止土压力，港侧圆弧顶端桶壁土压力最大，沿圆弧段向桶体两侧直壁段减小至静止土压力。

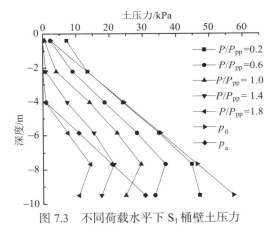

图 7.3　不同荷载水平下 S_1 桶壁土压力

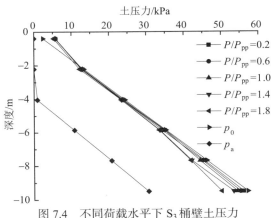

图 7.4　不同荷载水平下 S_3 桶壁土压力

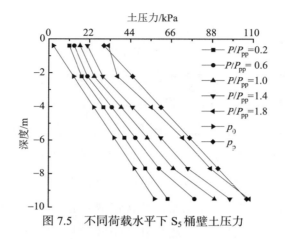

图 7.5　不同荷载水平下 S_5 桶壁土压力

从图中也可看出，当 P/P_{pp}=1.50 时，海侧圆弧段顶端 S_1 处已基本达到主动土压力状态，而在被动侧，当 P/P_{pp}=1.85 时，圆弧段顶端 S_5 处桶壁土压力才到被动土压力状态，这与桶体的极限承载力的荷载水平比较接近。

7.1.3　桶壁土压力沿环向分布

在桶体两端的圆弧段，取主动侧的 A_1~A_5、被动侧的 P_1~P_5 进行分析，如图7.6、图 7.7 所示。图 7.6 中可以看出，当 P/P_{pp}<1.0 时，沿圆弧段主动侧桶壁土压力与 $\cos\theta$ 之间呈近似线性关系，当 P/P_{pp}≥1.0 时，桶壁土压力与 $\cos\theta$ 之间逐渐呈非线性关系，而且桶壁下部首先出现非线性关系，随荷载水平增加，这种非线性关系逐渐向桶壁中上部扩展。

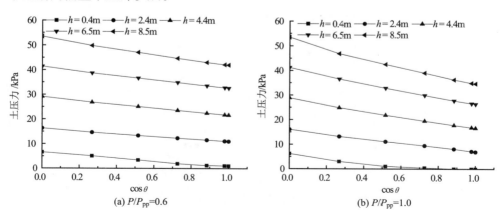

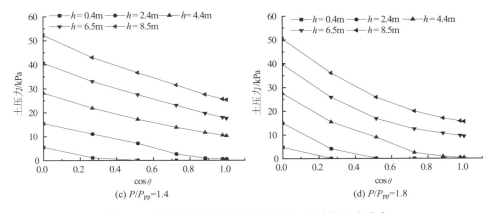

图 7.6 不同荷载水平下主动侧桶壁土压力沿环向分布

与主动侧圆弧段桶壁土压力分布类似，图 7.7 中可以看出，当 $P/P_{pp}<1.0$ 时，沿圆弧段被动侧桶壁土压力与 $\cos\theta$ 之间呈近似线性关系，当 $P/P_{pp}\geqslant1.0$ 时，桶壁土压力与 $\cos\theta$ 之间逐渐呈非线性关系，桶壁下部首先出现非线性关系，随荷载水平增加，这种非线性关系逐渐向桶壁中上部扩展，而且高荷载水平下，桶壁土压力在圆弧段顶端附近及圆弧段与直壁段衔接处变化稍快。

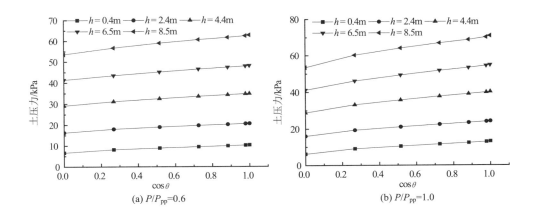

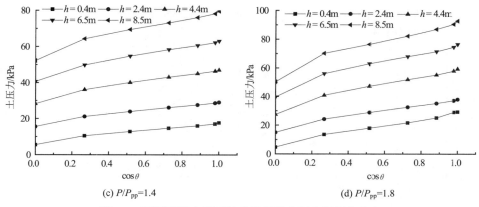

(c) P/P_{pp}=1.4   (d) P/P_{pp}=1.8

图 7.7   不同荷载水平下被动侧桶壁土压力沿环向分布

7.2   桶式结构桶体摩阻力分析

7.2.1   摩阻力分析点

桶体稳定性不仅靠其自重及桶壁土压力来维持，桶壁摩阻力及桶底端阻力也是维持其稳定性的重要因素。

桶体阻力包括桶壁侧阻力、桶底端阻力两部分。为分析桶体阻力的分布，在外侧桶壁上取 O_1~O_5（侧阻力部分）、桶壁及隔墙底端 B_1~B_{11}（端阻力部分）进行分析，如图 7.8 所示。

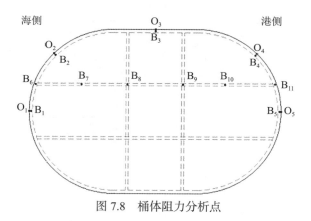

图 7.8   桶体阻力分析点

7.2.2　下桶外侧桶壁摩阻力

50 年一遇的波浪荷载合力为 P_{pp}，施加在模型上的荷载 P，当 $P/P_{pp}=1$ 时，桶壁摩阻力分布如图 7.9 所示。在波浪荷载 P_{pp} 作用下，海侧桶壁摩阻力均向下，且在桶壁中上部，桶壁摩阻力随深度增加，在桶壁下部，桶体底端脱开土体，桶壁下部土体围压减小，桶壁摩阻力随深度减小，如 O_1、O_2 所示。在整个桶体深度范围内，陆侧桶壁摩阻力随深度增加，由于在波浪荷载作用下，桶体发生水平位移及转动，桶壁下部土体受桶体挤压，桶壁摩阻力呈非线性增长，如 O_4、O_5 所示。在桶体两侧的直壁段中部，桶壁摩阻力随深度的增长比较接近线性，如 O_3 所示。

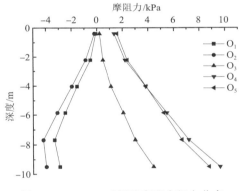

图 7.9　$P/P_{pp}=1$ 时桶壁摩阻力竖向分布

不同荷载水平下，桶壁摩阻力随深度变化如图 7.10 所示。对于海侧圆弧段 O_1、O_2 截面，荷载水平较低时，桶体转角很小，海侧圆弧段桶壁侧阻力向上且随深度呈非线性增加，随荷载水平增加（$P/P_{pp} \geq 0.6$），桶体转动较大，海侧圆弧段桶壁侧阻力转为向下，当荷载水平 $P/P_{pp} \geq 1.4$ 时，桶壁侧阻力随深度呈分段线性变化。在两侧直壁段 O_3，当荷载水平 $P/P_{pp} < 1.2$ 时，直壁段中部侧阻力为正，$P/P_{pp} \geq 1.2$ 时，其侧阻力转为向下。在港侧圆弧段 O_4、O_5，桶壁侧阻力随荷载水平增加而增加，桶体下部桶壁摩阻力随荷载水平增加幅度较大，且当荷载水平 $P/P_{pp} \geq 0.6$ 时，桶壁侧阻力随深度呈分段线性变化。

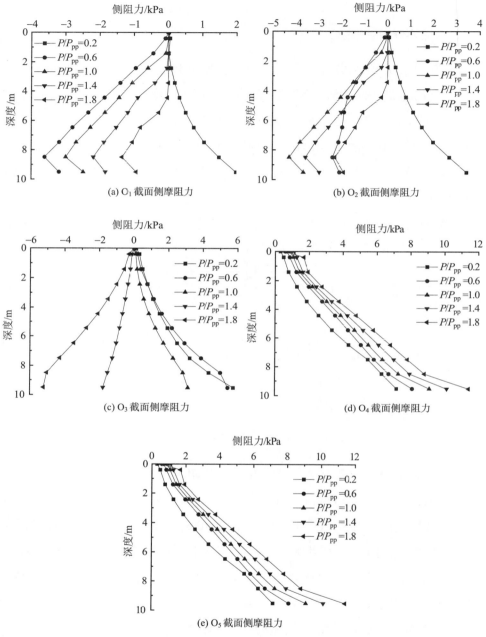

(a) O₁ 截面侧摩阻力

(b) O₂ 截面侧摩阻力

(c) O₃ 截面侧摩阻力

(d) O₄ 截面侧摩阻力

(e) O₅ 截面侧摩阻力

图 7.10　桶壁外部竖向侧阻力

7.2.3　桶体端阻力分析

桶壁及隔墙底端各点处端阻力随荷载水平的变化如图 7.11 所示。在海侧圆弧段，当荷载水平 $P/P_{pp} \geqslant 0.6$ 时，圆弧段顶端底部与土体开始脱离，如 B_1 所示，当 $P/P_{pp} \geqslant 0.8$ 时，海侧圆弧段桶壁及隔墙底端其他部分与土体逐渐脱离。当 $P/P_{pp} \leqslant 1.2$ 时，直壁段中部端阻力保持不变，如 B_3 所示，当 $P/P_{pp} > 1.2$ 时，桶体发生很大转动，其端阻力开始减小。在港侧圆弧段，由于高荷载水平下桶体转动很大，部分桶壁及隔墙端阻力开始随荷载水平增加而减少，如 B_9 所示，只有在圆弧段顶端附近桶壁及隔墙端阻力随荷载水平增加而增加。

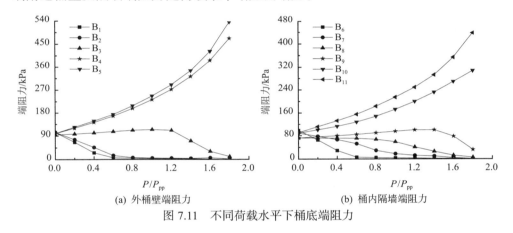

(a) 外桶壁端阻力　　　　　(b) 桶内隔墙端阻力

图 7.11　不同荷载水平下桶底端阻力

7.3　桶式基础结构的转动中心

7.3.1　转动中心与土压力及稳定性的关系

对于桶式基础防波堤结构的稳定性分析，其中一个关键的问题就是确定桶体转动中心的位置，转动中心位置的不同决定了桶体两端桶壁土压力的分布状态。根据数值计算结果，当荷载水平变化时，桶体的转动中心的位置如图 7.12 所示[48]。

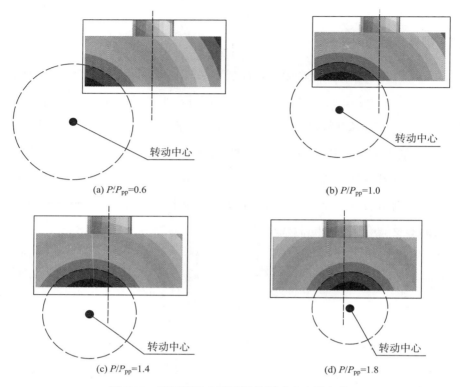

(a) $P/P_{pp}=0.6$　　　　　　　　　　(b) $P/P_{pp}=1.0$

(c) $P/P_{pp}=1.4$　　　　　　　　　　(d) $P/P_{pp}=1.8$

图 7.12　不同荷载水平下桶体转动中心的变化

当荷载水平为零时，桶体的转动中心相当于在海侧地基土内无穷远处，随着荷载水平增加，桶体的转动中心在深度方向上向上移动，水平方向上由海侧向陆侧移动。在荷载水平很高的情况下，$P/P_{pp}>1.69$ 时，桶体转动中心由桶体中轴线的左侧移向右侧。在整个加载过程中，桶体的转动中心均在桶体底平面以下的土体内，并不会出现类似于大圆筒转动中心在筒体内部中轴线上的情况。因此，这种条件下的桶体两端土压力均为单一的土压力状态，即海侧桶壁土压力位于主动区，陆侧桶壁土压力位于被动区。

7.3.2　影响转动中心位置的因素分析

以下桶盖板中心为参考点，转动中心与盖板中心的竖向距离为 H、水平距离为 L，如图 7.13 所示。为便于统一比较分析，分别用 H/h、$2L/b$ 表示桶体转动中心相对下桶盖板中心的竖向及水平向位置变化，其中 h、b 为下桶高度及长径。除特殊说明，各种条件下桶土之间的法向接触均为可分离模式。

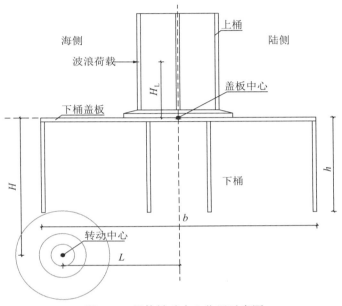

图 7.13　桶体转动中心位置示意图

1. 波浪荷载作用高度的影响

设波浪荷载合力在上筒壁作用点的位置与下桶盖板之间的距离为 H_L，如图 7.13 所示，H_L 变化时，桶体转动中心的竖向及水平向变化如图 7.14、图 7.15 所示。不同荷载作用高度下，桶体转动中心均在桶体底平面以下的土体内，并随荷载水平的增加向上、向陆侧移动。荷载作用点位置越高，桶体的倾覆力矩越大，桶体转动中心竖向越接近桶体底平面，水平向越靠陆侧。

当 $P/P_{pp}<0.6$ 时，桶体转动中心的竖向变化较小，水平向变化比较剧烈，而当 $P/P_{pp}\geqslant 0.6$ 时，桶体转动中心的竖向变化较快，水平向变化较缓。

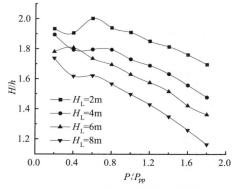

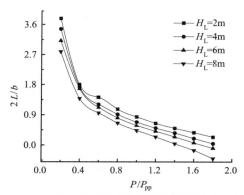

图 7.14　不同荷载作用高度下桶体转动中心　图 7.15　不同荷载作用高度下桶体转动中心的
的竖向变化　　　　　　　　　　　　　　　　水平向变化

2. 地基土层的影响

　　分别取均质淤泥、粉质黏土、细砂及实际工程中的上层淤泥与下层粉质黏土，不同土质条件下桶体转动中心变化如图 7.16、图 7.17 所示。除了细砂，对于软土地基上的桶体，其转动中心随荷载水平变化的运动轨迹比较接近。对于不同地基土，桶体转动中心的运动方向基本一致。

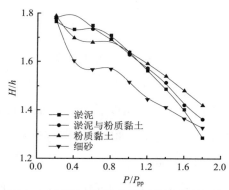

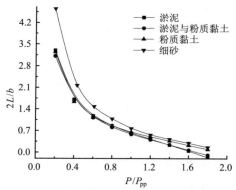

图 7.16　不同土质条件下桶体转动中心的　　图 7.17　不同土质条件下桶体转动中心的
竖向变化　　　　　　　　　　　　　　　　水平向变化

　　当 $P/P_{pp}<0.4$ 时，对于匀质淤泥土地基，桶体转动中心接近于平移，对于匀质粉质黏土、细砂土及淤泥与粉质黏土组合的地基土，桶体转动中心均上移，土质条件越好，上移速度越慢。$P/P_{pp}<0.6$ 时，桶体转动中心随荷载水平增加快速

向右移动，当 $P/P_{pp} \geqslant 0.6$ 时，桶体转动中心水平向移动速度减缓。

3. 港池回填高度的影响

桶式基础作为港区岸壁结构时，将在陆侧地基回填，以回填淤泥土为例，在不同回填高度 B 的情况下，桶体转动中心的变化如图 7.18、图 7.19 所示。

不考虑回填时，同一荷载水平下，桶体转动中心所在位置竖向上较深；当 $P/P_{pp} < 0.8$ 时，水平方向上更靠海侧，当 $P/P_{pp} \geqslant 0.8$ 时，水平方向上更靠近陆侧。随着回填土厚度的增加，桶体转动加剧，桶体转动中心竖向上逐渐向上移动，$P/P_{pp} < 0.8$ 时，桶体转动中心水平向上向陆侧移动，$P/P_{pp} \geqslant 0.8$ 时，桶体转动中心水平向上向海侧移动，但变化较小。

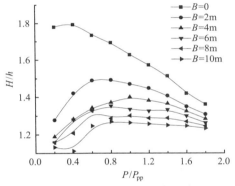

图 7.18　不同回填高度下桶体转动中心的
竖向变化

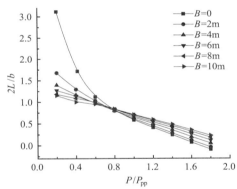

图 7.19　不同回填高度下桶体转动中心的
水平向变化

7.3.3　桶体转动中心的确定

如上所述，新型桶式基础防波堤不同于大圆筒结构及箱筒结构，其转动中心不仅与土质状况、荷载作用位置及荷载水平等因素有关，基础结构的自身形式也是影响其转动中心位置的重要因素。由数值模拟的转动中心位置变化图 7.20 可以看出，随荷载水平的增加，桶体的转动中心不断向港侧移动，极限状态下，转动中心位置在桶体底部、竖向对称轴偏港侧的区域内[49]。

极限状态下桶体转动中心的位置可由式（7.1）计算。以下桶盖板中心作为坐标原点，桶高 h，下桶长轴长度 $2a$，A 点坐标为 $(-a, 0)$，B 点坐标为 $(a, 0)$，极限状态下两个方向上 A 点位移 (u_{A1}, u_{A2})，B 点位移 (u_{B1}, u_{B2})，桶体转动中心的坐标 $C(x_C, y_C)$。转动前的 A、B 点分别与转动后的 A'、B'点位于以 C 点为圆心的同心圆上，由此可得

$$\begin{cases} (x_C + a)^2 + (y_C)^2 = (x_C + a - u_{A1})^2 + (y_C - u_{A2})^2 \\ (x_C - a)^2 + (y_C)^2 = (x_C - a - u_{B1})^2 + (y_C - u_{B2})^2 \end{cases} \quad (7.1)$$

极限状态下，根据桶体两端 A、B 位移求解式（7.1）可得桶体转动中心。极限状态下 A、B 位移可由现场测试或数值模拟确定。

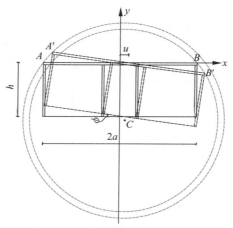

图 7.20　桶体转动中心位置的确定

7.4　桶式基础结构稳定性解析分析

7.4.1　极限状态下桶体结构受力

为分析极限状态下桶体稳定性，将桶体与桶内土体看作一个整体，分析极限状态下桶体稳定性，然后再对桶体稳定性系数进行折减，以考虑不同接触状态下桶体的稳定性。极限状态下桶体受力示意图如 7.21 所示。

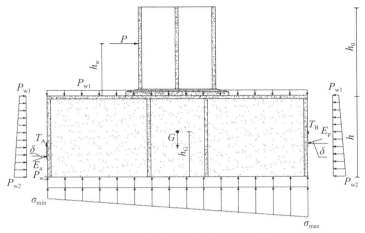

图 7.21　极限状态下桶体受力示意图

桶体水平向荷载包括波浪力合力 P，下桶桶壁海侧土压力 E_a 和港侧圆弧段桶壁土压力 E_p，桶壁水平向摩阻力（包括海侧圆弧段 T_{aH}、港侧圆弧段 T_{pH}、直线段 T_{0H}），桶底切向摩阻力 T_B。竖向荷载包括桶体和桶内土体的自重 G，桶体浮力 F_w，桶底土压力 R_σ，桶侧竖向摩阻力 T（包括海侧圆弧段 T_{aV}、港侧圆弧段 T_{pV}、直线段 T_{0v}）。

桶体和桶内土体的自重 G 为：$G=G_b+G_s$，其中 G_b 为桶体自重，G_s 为桶内土体自重。

静水压力对桶体的作用主要表现为浮力，$F_w = \gamma_w H A_B$。其中下桶底面面积 $A_B = \pi b^2 + 4b(a-b)$，a、b 分别表示 0.5 倍下桶长轴长度、0.5 倍下桶短轴长度。

以下分别对桶壁及桶底土压力、桶土间摩阻力进行分析，以便建立桶体抗倾覆稳定性和抗滑稳定性的计算公式。

7.4.2　土压力计算公式

1. 桶侧壁土压力

根据数值计算结果可知，不同荷载水平下，桶体转动中心均在桶体下部，在桶体两端，桶壁土压力均为单一的土压力状态，即海侧圆弧段桶壁位于主动土压力区，港侧圆弧段桶壁位于被动土压力区。在桶体两侧直壁段，不同荷载水平下桶壁土压力基本上为静止土压力。极限状态下桶体的位移模式可以简化为图 7.22 的形式，在水平波浪荷载作用下，桶体发生水平位移及转动。在极限状态下，桶壁土压力的分布模式如图 7.23 所示。

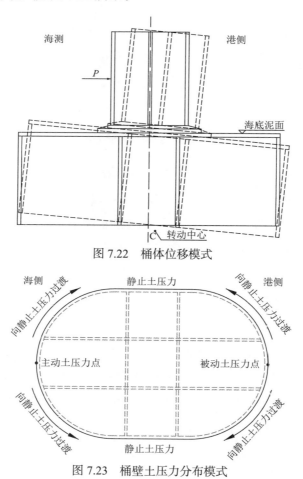

图 7.22　桶体位移模式

图 7.23　桶壁土压力分布模式

考虑到桶体与土体之间的竖向摩阻力，本书假定在极限状态下圆弧两端主动与被动土压力点上土压力分布形式为墙背垂直且粗糙、墙后填土水平的库仑土压力分布，对于黏性土，$\alpha=0$，$\beta=0$，$\delta\neq0$，其计算简图如图 7.24 所示。由数值计算结果，虽然桶壁土压力沿深度方向接近分段线性分布，但单一土层时桶壁土压力沿深度方向接近线性分布，而且极限状态下，主动土压力点的土压力合力、被动土压力点的土压力合力分别与直线分布时的主、被动土压力合力相当，故极限状态下单宽桶壁土压力合力仍由库仑土压力公式进行计算。

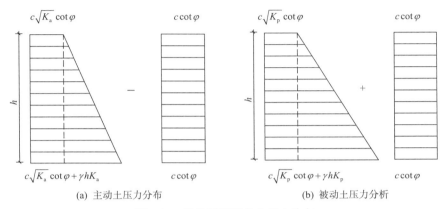

(a) 主动土压力分布　　　　　　(b) 被动土压力分析

图 7.24　桶体两端顶点土压力分布

由图 7.24 得桶体海侧和港侧圆弧段桶壁土压力为

$$E_a = \frac{[\gamma h K_a - c \cot \varphi(1 - K_a)]^2}{2\gamma K_a \cos \delta} \tag{7.2}$$

$$E_p = \frac{h[\gamma h K_p + 2c \cot \varphi(1 + K_p)]}{2\cos \delta} \tag{7.3}$$

式中，γ 为土体重度，kN/m^3；c 为土体黏聚力，kN/m^3；φ 为土体内摩擦角；δ 为土与桶壁之间的摩擦角；K_a 为库仑主动土压力系数；K_p 为库仑被动土压力系数。

根据数值模拟结果，桶体长轴与桶壁侧向土压力夹角为 θ 时，圆弧段单位宽度的土压力 E_θ 与 $\cos\theta$ 近似为线性关系，设极限状态下海侧和圆弧段顶端分布为主动土压力与被动土压力，直线段为静止土压力，则与下桶长轴成 θ 夹角的圆弧段单宽桶壁土压力为

$$E_{a\theta} = E_0 + (E_a - E_0)\cos\theta \tag{7.4}$$

$$E_{p\theta} = E_0 + (E_p - E_0)\cos\theta \tag{7.5}$$

式中，$E_0 = \dfrac{\gamma h^2 K_0}{2\cos\delta}$，为直壁段单宽桶壁土压力。

海侧圆弧段、港侧圆弧段及两侧直壁段桶壁土压力合力分别为

$$E_{aR} = 2b\int_0^{\frac{\pi}{2}} E_{a\theta}\cos\theta\,\mathrm{d}\theta = b(E_a + E_0) \qquad (7.6)$$

$$E_{pR} = 2b\int_0^{\frac{\pi}{2}} E_{p\theta}\cos\theta\,\mathrm{d}\theta = b(E_p + E_0) \qquad (7.7)$$

$$E_{0R} = E_1 = E_2 = 2(a - b)E_0 \qquad (7.8)$$

侧壁土压力合力作用点位置：

与下桶长轴方向成 θ 角的单宽桶壁上主动侧与被动侧土压力合力作用点距下桶底端距离分别为

$$h_{a\theta} = \frac{(E_a h_a - E_0 h_0)\cos\theta + E_0 h_0}{E_0 + (E_a - E_0)\cos\theta} \qquad (7.9)$$

$$h_{p\theta} = \frac{(E_p h_p - E_0 h_0)\cos\theta + E_0 h_0}{E_0 + (E_p - E_0)\cos\theta} \qquad (7.10)$$

式中，库仑主动土压力合力作用点距桶体底端 $h_a = \dfrac{1}{3}\left[h - \dfrac{c\cot\varphi(1 - K_a)}{\gamma K_a}\right]$，库仑被动土压力合力作用点距桶体底端 $h_p = \dfrac{h}{3}\dfrac{\gamma h K_p + 3c\cot\varphi(1 + K_p)}{\gamma h K_p + 2c\cot\varphi(1 + K_p)}$，静止土压力荷载作用点 $h_0 = \dfrac{h}{3}$，h 为下桶高度。

2. 桶底端土压力

根据假定的桶体与桶内土体共同变形特性，假定长轴方向的桶底土反力分布形式按图 7.21 所示的线性分布。假定被动侧最前端桶底土压力达到最大基底反力，取 $\sigma_{max} = 9c_u$，主动土压力侧最前端桶底土压取 $\sigma_{min} = \beta\sigma_{max}$，轴线上土压力直线分布。按此假定，桶壁任意与长轴方向平行的圆弧截面上：

$$\sigma_{\theta\min} = \frac{b}{2a}(\sigma_{max} - \sigma_{min})\sin\theta + \sigma_{min} \qquad (7.11)$$

$$\sigma_{\theta \max} = \frac{b}{2a}(\sigma_{\min} - \sigma_{\max})\sin\theta + \sigma_{\max} \qquad (7.12)$$

式中，$\sigma_{\theta \min}$、$\sigma_{\theta \max}$ 分别为截面两端的最小基底反力和最大基底反力。在此截面上，基底反力线性分布。β 为折减系数，由桶土竖向受力平衡条件确定。$0 \le \theta \le \pi/2$，长轴方向上对称。

桶底反力的合力为

$$R_\sigma = \frac{b}{2}\big[\pi b + 4(a-b)\big](\sigma_{\max} + \sigma_{\min}) \qquad (7.13)$$

7.4.3　摩阻力计算公式

1. 桶壁竖向侧摩阻力

桶土界面上的摩阻力由库仑摩擦定律描述，极限状态下桶体发生较大转动，对于桶体两端圆弧段，其竖向侧阻力已完全发挥，因此圆弧段桶壁侧阻力按下式计算：

$$\tau_c = p\mu = p\tan\delta \qquad (7.14)$$

式中，p 为桶壁法向有效接触压力；δ 为界面摩擦角。

则圆弧段桶壁竖向侧阻力合力为

$$T_{aV} = E_{aR}\cos\delta\tan\delta = E_{aR}\sin\delta = \big[2E_0 b + \eta_1(E_a - E_0)b\big]\sin\delta \qquad (7.15)$$

$$T_{pV} = E_{pR}\cos\delta\tan\delta = E_{pR}\sin\delta = \big[2E_0 b + \eta_1(E_p - E_0)b\big]\sin\delta \qquad (7.16)$$

直墙段桶壁竖向侧阻力合力为

$$T_0 = E_0\sin\delta \qquad (7.17)$$

2. 桶壁水平向侧摩阻力

极限状态下，桶土不但发生较大转动，同时还发生较大的水平位移，因此，桶壁水平向侧阻力也是影响桶体稳定性的一个因素。

假定桶体的各向摩擦系数相等，仍采用式（7.14）进行计算。在桶体两端的圆弧段及两侧直壁段，桶壁水平向侧阻力分别为

$$T_{aH} = 2b\int_0^{\frac{\pi}{2}}[E_0 + (E_a - E_0)\cos\theta]\sin\delta d\theta = b\pi E_0\sin\delta + 2b\eta_2(E_a - E_0)\sin\delta \quad （7.18）$$

$$T_{pH} = 2b\int_0^{\frac{\pi}{2}}[E_0 + (E_p - E_0)\cos\theta]\sin\delta d\theta = b\pi E_0\sin\delta + 2b\eta_2(E_p - E_0)\sin\delta \quad （7.19）$$

$$T_{0H} = 2(a-b)E_0\sin\delta \quad （7.20）$$

式中，$\eta_2 = \dfrac{\sqrt{\pi}\Gamma\left[\dfrac{1+a}{2}\right]}{\Gamma\left[\dfrac{a}{2}\right]}$，$\Gamma$ 为 Gamma 函数。

3. 桶底切向摩阻力

参考美国 API 规定，设软黏土对桶壁单位面积的摩阻力 f 不大于黏土不排水剪切强度 c_u。则极限状态下，包括桶内土体在内的桶底摩阻力为

$$T_B = c_u A_B = c_u[\pi b^2 + 4b(a-b)] \quad （7.21）$$

式中，A_B 为下桶外边界线所包围的面积。

7.4.4 桶体稳定性计算公式

1. 抗倾覆稳定性计算

根据图 7.21，波浪荷载 P 作用下，桶体的倾覆力矩 M_O 为

$$M_O = P(h_w + h - h_c) + M_a \quad （7.22）$$

桶体抗倾覆力矩 M_R 为

$$M_R = M_0 + M_p + M_B + M_H \quad （7.23）$$

式中，M_a、M_0、M_p、M_B、M_H 分别为桶壁主动土压力、静止土压力、被动土压力、桶底反力及水平向侧阻力对转动中心产生的力矩；$M_a = M_{aN} - M_{aT}$，$M_0 = M_{0T}$，

$M_{\mathrm{p}} = M_{\mathrm{pN}} + M_{\mathrm{pT}}$，$M_{\mathrm{B}} = M_{\mathrm{BN}} + M_{\mathrm{BT}}$；角标 N 表示法向反力产生的力矩，角标 T 表示切向反力产生的力矩。

$$M_{\mathrm{aN}} = -2b\cos\delta\int_0^{\frac{\pi}{2}} E_{\mathrm{a}\theta}\cos\theta(h_{\mathrm{c}} + h_{\mathrm{a}\theta})\mathrm{d}\theta \tag{7.24}$$

$$M_{\mathrm{pN}} = 2b\cos\delta\int_0^{\frac{\pi}{2}} E_{\mathrm{p}\theta}\cos\theta(h_{\mathrm{p}\theta} + h_{\mathrm{c}})\mathrm{d}\theta \tag{7.25}$$

式中，h_{c} 为桶体转动中心与桶体底面中心的竖向距离。

按图 7.21 桶体长轴中轴上底部反力的分布假定，在图 7.25 中海侧与港侧与长轴成 θ 角的圆弧段上，其底部反力分别为

$$\sigma_{\mathrm{a}\theta} = -\frac{b(1-\beta)}{2a}\sigma_{\max}\cos\theta + \frac{b + (2a - b)\beta}{2a}\sigma_{\max}\beta \tag{7.26}$$

$$\sigma_{\mathrm{p}\theta} = \frac{b(1-\beta)}{2a}\sigma_{\max}\cos\theta + \frac{2a - b(1-\beta)}{2a}\sigma_{\max} \tag{7.27}$$

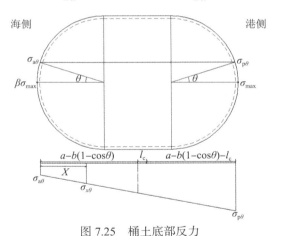

图 7.25　桶土底部反力

图 7.25 中与长轴成 θ 角的截面上，距主动侧边界 x 处的桶土底反力：

$$\sigma_{x\theta} = \sigma_{\mathrm{a}\theta} + \frac{x}{2a}(\sigma_{\mathrm{p}\theta} - \sigma_{\mathrm{a}\theta}) \tag{7.28}$$

则桶土底反力对转动中心产生的合力矩：

$$M_{BN} = 2b \int_0^{\frac{\pi}{2}} \int_{a-b(1-\cos\theta)+a_c}^{2a-2b(1-\cos\theta)} \sigma_{x\theta}[x-a+b(1-\cos\theta)-a_c] \mathrm{d}x\mathrm{d}\theta$$

$$- 2b \int_0^{\frac{\pi}{2}} \int_0^{a-b(1-\cos\theta)+a_c} \sigma_{x\theta}[a-b(1-\cos\theta)+a_c-x] \mathrm{d}x\mathrm{d}\theta \qquad (7.29)$$

式中，a_c 表示转动中心与桶体竖向中轴线的水平距离。

由于圆弧段桶壁侧向土压力合力作用点在圆心处，因此：

$$M_{aT} = (a-b+a_c)E_{aR}\sin\delta \qquad (7.30)$$

$$M_{pT} = (a-b+a_c)E_{pR}\sin\delta \qquad (7.31)$$

桶体两侧直壁段产生的合力矩：

$$M_{0T} = 2(T_{01v}l_{01v} + T_{02v}l_{02v}) \qquad (7.32)$$

式中，l_{01v}、l_{02v} 分别表示向上侧阻力合力、向下侧阻力合力与转动中心之间的距离。

利用式（7.21）可得桶土底部切向力产生的力矩：

$$M_{BT} = T_B h_c = c_u A_B h_c \qquad (7.33)$$

利用式（7.18）~式（7.20）可得水平侧阻力产生的力矩：

$$M_{HT} = \{2b\pi E_0(h_0+h_c) + 2b\eta_2[E_a(h_a+h_c)+E_p(h_p+h_c)-2E_0h_0]+4(a-b)E_0\}\sin\delta \qquad (7.34)$$

由式（7.22）~式（7.34）可得桶体抗倾覆稳定性系数：

$$k_R = \eta_R \frac{M_0+M_p+M_B+M_H}{p(h_w+h-h_c)+M_a} \qquad (7.35)$$

式中，η_R 为考虑桶土接触状态的桶体抗倾覆稳定性修正系数。

2. 抗滑移稳定性计算

根据图 7.21，考虑到桶体转动影响，极限状态下波浪荷载对桶体产生的滑移力为

$$F_s = P + E_{aR} + G\sin\phi \qquad (7.36)$$

式中，P 为波浪荷载；E_{aR} 为式（7.6）中海侧圆弧段桶壁主动土压力合力；G 为桶与桶内土体浮重度；ϕ 为极限状态下桶体转角，可由图 7.20 确定。

极限状态下，可得桶体滑移抗力为

$$F_R = E_{pR} + T_{aH} + T_{pH} + 2E_{0H} + T_B \qquad （7.37）$$

极限状态下，桶体抗滑移稳定性系数为

$$k_s = \eta_s \frac{F_R}{F_s} = \eta_s \frac{E_{pR} + T_{aH} + T_{pH} + 2T_{0H} + T_B}{P + E_{aR} + G\sin\phi} \qquad （7.38）$$

式中，η_s 为考虑桶土接触状态的桶体抗滑移稳定性修正系数。

7.5　本　章　小　结

本章基于桶式基础结构防波堤三维数值计算结构，分析了荷载大小、作用高度及地基土特性对新型桶式基础结构防波堤的土压力、变位及内力的影响，并根据有限元分析结果，作适当假定，对极限状态下桶体稳定性进行了计算。计算中，根据桶体两端圆弧段结构特点，对圆弧段桶壁土压力及桶体阻力分布进行简化分析，直墙段竖向侧阻力计算考虑到了桶壁与土体相对位移的影响，同时稳定性计算中也考虑到了桶体水平向侧阻力的影响。

（1）波浪荷载作用下，桶壁土压力可分为三个部分：海侧圆弧段的主动土压力区、两侧直壁段的静止土压力区域、港侧圆弧段的被动土压力区域。对于软土地基上的新型桶式基础防波堤，其桶壁土压力分布是分段线性的，荷载水平、荷载作用点高度只影响桶壁土压力大小，不影响分布形式。软土地基上的桶式基础结构，其桶壁圆弧顶端单宽土压力合力与荷载水平呈线性关系，桶壁土压力分布可简化为直线分布。对于圆弧顶端与直壁段之间的圆弧桶壁，其单宽土压力合力与夹角余弦值呈线性关系。

（2）新型桶式基础结构在波浪荷载作用下，桶体转动中心的位置与大圆筒形式的防波堤不同。其转动中心并不会出现在桶体内部，而是在桶体底平面以下的土体内，并随着荷载水平的增加由海侧向港侧移动。因此，由桶体转动中心的位置可以判断，波浪荷载下海侧圆弧段桶壁、港侧圆弧段桶壁上的土压力均为单一的土压力状态，并分别位于主动土压力区、被动土压力区。

（3）不同荷载作用高度、不同土质状况及不同荷载倾角下，桶土有相似的位移模式，软土地基上筒壁土压力、桶壁竖向侧阻力分布也有极大相似性，极限状态下桶体稳定性可采用统一方法进行计算。随着荷载作用高度增加、土质状况变差、荷载倾角向上倾斜程度增加，桶体极限承载力降低，桶体稳定性变差。本章建立了桶式基础结构抗倾覆和抗滑稳定性计算解析方法，得出抗倾覆稳定系数和抗滑稳定系数计算公式。

第8章 桶式基础结构现场试验

为进一步研究新型桶式基础结构在负压下沉和防波堤运行阶段的受力、变位及稳定性，依托徐圩港区东直立式防波堤试验段工程开展桶式基础结构原型观测，并将试验结果与模型试验相验证，揭示桶式基础与地基相互作用规律及力学机理，提出桶体结构及施工工艺新参数和方法，为桶式基础结构防波堤的建设与推广应用提供现场试验数据支撑。

8.1 现场试验内容

试验段由六个桶体组成，选取了其中两个桶体 ET4 和 ET5 进行原位观测试验，如图 8.1 所示。

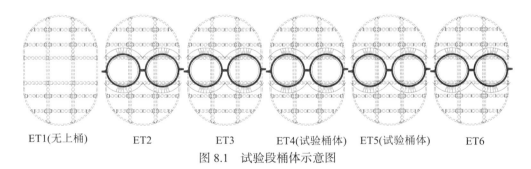

ET1(无上桶)　　　ET2　　　　ET3　　　ET4(试验桶体)　ET5(试验桶体)　　ET6

图 8.1　试验段桶体示意图

由于《水运工程水工建筑物原型观测技术规范》（JTS 235—2016）只给出了传统斜坡堤和传统直立堤的监测内容，尚未涉及新型桶式基础结构防波堤的原型观测。因此，在现场试验中首先将桶式结构的施工与运行阶段分为四个工况，根据模型试验和数值分析的结果，提出不同工况下结构的主要监测内容。

桶式结构防波堤的施工与运用可分为四个工况：工况一为出运及浮运，工况二为安装施工，工况三为防波堤运行期间结构-地基-波浪共同作用，工况四为岸壁结构运行期间受港侧回填土压力与结构共同作用。

在不同工况条件下的试验段现场监测主要项目包括以下几方面[50,51]。

1）海域环境及地形监测（工况一、二、三）

（1）施工及运行期防波堤海域的风、浪、流情况；

（2）实时水位及水深；

（3）在波浪荷载作用下防波堤两侧堤脚冲刷及防护情况（本内容仅在工况三开展）。

2）施工期防波堤结构的浮运气压、吃水深度及定位（工况一、二）

（1）浮运及安装期间防波堤内外气压变化和水位变化；

（2）浮运及安装速度；

（3）浮运及安装期间结构的垂直度及摆动角度。

3）施工及运行期防波堤结构与土、水相互作用（工况三、四）

（1）波浪力：波浪与上筒结构的波压力（工况三）；

（2）结构与地基土相互作用力：结构与地基土之间的界面土压力和孔隙水压力测试；

（3）港侧填土对防波堤侧壁的作用力：监测港侧回填后对防波堤侧壁产生的接触土压力和孔隙水压力。

4）结构内力测试（工况一、二、三、四）

根据结构模型试验和数值模拟的研究结果，确定结构在浮运、安装、波浪及填土等外部荷载作用下可能产生较大内力的部位，分别测试结构关键部位钢筋应力和混凝土应变。

5）防波堤的整体位移与变形测试（工况三、四）

（1）防波堤顶部典型测点的水平位移及沉降量；

（2）防波堤的倾斜角度。

本章主要针对试验桶体在负压下沉阶段和运行阶段波浪荷载作用下的受力、位移及内力进行原位监测，分析桶体结构的荷载、变位与稳定性，其中桶体 ET4 主要进行外力测试，ET5 主要进行内力测试。

8.2　负压下沉过程中桶体结构现场测试

8.2.1　负压下沉中桶体位移

试验段地处开敞海域，自然条件恶劣，结构距岸较远，且现场试验监测精度要求高，仪器及数据采集系统需进行防潮防撞处理，基于 GNSS 建立了深水离岸结构自动化监测系统，由监测仪器、数据采集与处理系统、数据传输系统和网络发布系统 4 个子系统构成。

为确保能够全面地反映测试桶体在浮运及下沉期间的倾斜和位移情况，采集系统每 5min 采集一次倾角值，而徕卡 GNSS 变形监测系统每 1min 进行一次沉降测量。图 8.2、图 8.3 分别为四号试验桶体倾斜角 Q1 和中心位置沉降 G1 随时间

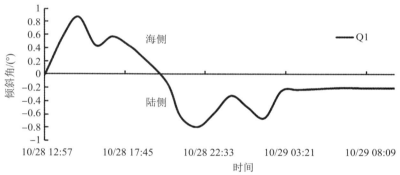

图 8.2　ET4 下沉时 Q1 倾角值随时间变化曲线

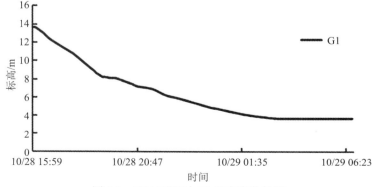

图 8.3　ET4 下沉时 G1 竖向变化轨迹

的变化情况，其中 Q1 的正值代表偏向海侧，G1 以发生沉降为正。根据徕卡 GNSS 变形监测系统所测得的数据可绘制成桶体的下沉变化轨迹。

试验结果表明，四号测试桶体在下沉期间倾角平均值约为–0.224°，波动范围为–0.656°~+0.875°，最后稳定在–0.2°左右（偏于港侧）。桶体下沉时竖向变化轨迹斜率由大逐渐变小，特别是在下桶底入土一段时间后下沉速度变得非常缓慢。从图中可以看出，19 点时测试桶体的倾角度数在下沉期间由正值慢慢发展为负值，而此时的 G1 竖向变化轨迹恰巧出现拐点。这是因为下桶底入泥一段深度后，端阻力和摩阻力变大的缘故。由于下沉的时候风浪较小，波浪相对于隔仓中气压对桶体的影响程度较弱，因而倾角度数并没有随着波浪而做规律性的上下摆动。整个下沉过程，Q1 倾角度数的变化间接反映了桶体海侧和陆侧隔仓气压的相对变化。综合以上分析，四号桶在下沉过程中桶体倾角变化较小，隔仓气压平衡控制较好，桶体下沉较为稳定。

8.2.2　负压下沉中桶体受力

原位试验测试了结构在负压下沉工况下所受土压力，包括基础桶桶壁及隔板侧面所受的水平向土压力，基础桶顶板下侧所受地基土的竖向作用力，基础桶桶壁及隔板底端所受的竖向土压力。由桶式基础的形状和数值模拟结果可以看出，港侧和海侧的桶壁内外土压力以及桶底的土压力与桶体的稳定密切相关，因此本节针对 ET4 桶体的关键部位土压力进行观测与分析。图 8.4 为基础桶桶体土压力测线布置示意图，每条测线自上而下分布 3~5 只界面土压力计。

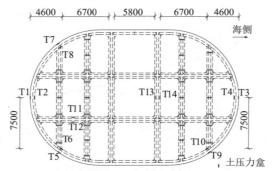

图 8.4　基础桶桶壁土压力测线布置示意图（单位：mm）

1. 港侧桶壁所受外力特性

港侧桶体的土压力测线 T1 和 T2 如图 8.4 所示，其中 T1 在港侧基础桶体外壁方向，T2 在内壁方向。图 8.5~图 8.7 为港侧桶体内外壁的 T1、T2 总应力-时间曲线和对应的 K1 孔隙水应力-时间曲线图。

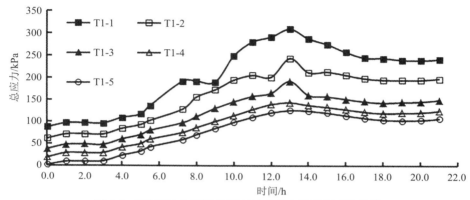

图 8.5 下沉时 T1 测线各测点的总应力随时间变化曲线

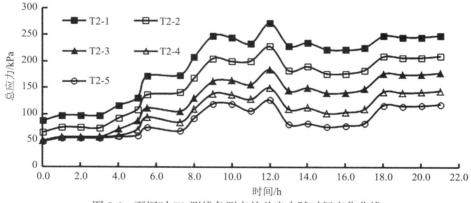

图 8.6 下沉时 T2 测线各测点的总应力随时间变化曲线

从图中可以看出下沉初期，T1 总应力呈近似线性增长，这表明桶体在持续稳定下沉并且港侧桶底还没有接触海底土层。6h 之后，测线各测值先后出现急速上升现象，表明随着港侧桶体底部接触土层，底端受力随之增大，下沉速率变缓。第 12h，测线压力值增至最大，其中 T1-1 达到了 308MPa，表明负压下沉中港侧桶壁受到了很大的水平向土压力。随后，19h 后，总应力值开始稳定，表明负压

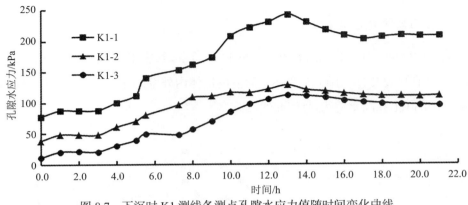

图 8.7　下沉时 K1 测线各测点孔隙水应力值随时间变化曲线

下沉结束，隔仓停止抽气。下沉前期内壁 T2 测线总应力也呈近似线性增长，这变化趋势和外侧总应力基本相同。但是在第 12h 左右总应力到达最大值，曲线出现了拐点，之后 T2 总应力的变化出现了与 T1 截然相反的变化趋势。在第 12~18h，T1 测线总应力-时间曲线是凸函数，而 T2 测线总应力-时间曲线是凹函数，这种总应力差值直到下沉稳定后才渐渐减小。

K1 孔隙水应力计埋设在港侧基础桶体外壁方向，和 T1 土压力盒在相同位置。该孔隙水应力随时间发展曲线与 T1 的总应力曲线呈现几乎相同的变化趋势，其中 K1-1、K1-2、K1-3 孔隙水应力发展分别与 T1-1、T1-3、T1-5 的总应力发展一一对应。这是由于 T3 所测得总应力由有效土应力和孔隙水应力 K1 组成。

从总体上来看，各自测线不同高程的总应力和孔隙水应力变化趋势大致相同，并且越是靠近桶底的应力变化越是明显，而远离桶底的应力变化相对平滑。从时间上来看，在抽负压之前桶体所受外力变化与抽负压之后桶体所受外力的变化要平滑得多。也就是说影响桶体外力的因素主要有高程和负压值的变化。

2. 海侧桶壁所受土压力

海侧桶体的土压力盒埋设布置如图 8.4 中的 T3 和 T4 所示，其中 T3 在海侧基础桶体外壁方向，T4 在内壁方向。图 8.8~图 8.10 为海侧桶体外壁 T3、内壁 T4 的总应力-时间曲线和对应的 K2 孔隙水应力-时间曲线图。

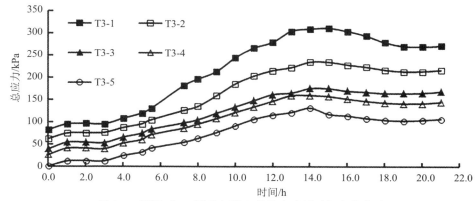

图 8.8　下沉时 T3 测线各测点的总应力随时间变化曲线

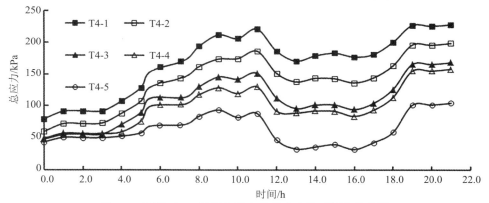

图 8.9　下沉时 T4 测线各测点的总应力随时间变化曲线

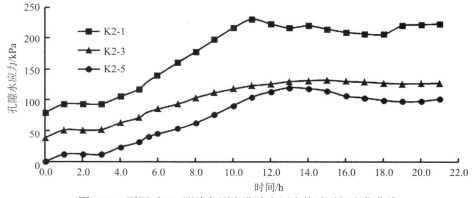

图 8.10　下沉时 K2 测线各测点孔隙水压力值随时间变化曲线

从图中可以看出,海侧土压力的变化趋势和港侧土压力的变化趋势大致相同。下沉初期,T3 和 T4 总应力呈近线性增长,6h 之后,测线各测值先后出现急速上升现象。第 11h,T3 和 T4 测线总应力值增至最大,分别达到了 312MPa 和 310MPa。之后曲线出现了拐点,T4 总应力的变化出现了与 T3 截然相反的变化趋势。在第 9~18h,T3 测线总应力-时间曲线是凸函数,而 T4 测线总应力-时间曲线是凹函数。这是由于桶体开始往港侧倾斜,海侧外壁的土压力以主动土压力为主,内壁的土压力以被动土压力为主,这种土压力差直到下沉稳定后才渐渐减小。19h 后,总应力值开始稳定,表明负压下沉结束,隔仓停止抽气。

K2 孔隙水应力计埋设在海侧基础桶体外壁方向,与 T3 土压力对应。该孔隙水应力随时间发展曲线与 T3 的总应力曲线呈现几乎相同的变化趋势,与 K1 孔隙水应力的在数值上的变化也大致相同。这是由于 T3 所测得总应力由有效应力和孔隙水应力 K2 组成,而 K1 测线的各测点与 K2 的各测点在高程上一一对应。

3. 桶底端阻力

通过基础桶底端埋设的土压力盒测试下沉过程中的端阻力,其中侧壁底端 8 只,隔板底端 8 只,共计 16 只土压力盒。采集系统每 5min 采集一次土压力,较全面地反映试验桶体在浮运及下沉期间的土压力变化情况。图 8.11 为底端部分测点的总应力随时间变化曲线。

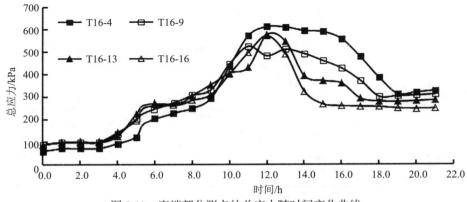

图 8.11 底端部分测点的总应力随时间变化曲线

从这些曲线可以看出，各测点的总应力测量值变化趋势大致相同。刚开始四号测试桶体还在浮船坞，测得的总应力还非常小。随着桶体开始浮运，各测点总应力随之上升。之后总应力保持稳定至第 4h 桶体开始下沉。从第 4~9h，总应力近似呈线性增长。第 9h 后，各测值先后出现急速上升现象，表明随着桶体底部深入土层，底端土压力计的受力随之增大，下沉速率变缓。第 11~12h，总应力值增至最大，表明桶体负压下沉受到了很大的阻力。其中 T16-9 所在位置总应力值最小，为 482MPa；T16-4 所在位置总应力值最大，为 610MPa。第 12~18h，T16 测线总应力渐渐下降。第 19h，总应力值开始稳定，表明负压下沉结束，隔仓停止抽气。此时 T16-16 所在位置总应力值最小，为 249MPa；T16-4 所在位置总应力值最大，为 328MPa。截至第 21h，土压力变化较为缓慢，表明随着地基土体开始固结，超静孔隙水压力开始慢慢消散。

综合以上分析，在桶体浮运和下沉的前期，桶体侧壁和隔板底端总应力较小，停止抽气后，总应力值渐渐稳定。四号桶底端总应力值的变化趋势表明桶体下沉较为稳定。

4. 桶体所受外力极值分布规律

为了准确判断防波堤在负压下沉过程中的稳定性，本书对各部位在下沉过程中总应力的最大值做了统计，如表 8.1 所示。

表 8.1　下沉中各部位总应力最大值

部位	相对桶底高度/m	测点编号	总应力最大值/kPa
桶壁外侧	1	T3-1	316.205
桶壁内侧	0.5	T2-1	271.482
桶底	0	T16-4	611.297
盖板	10.7	T15-7	135.385
隔墙	1	T11-1	265.029

从表中的数据可以看出，桶体在下沉过程中各部位受力均没有超过设计极值。各部位土压力最大值均发生在下桶底部已经入泥、隔仓在抽水的过程中。桶底所承受的土压力最大，并且远高于其他部位。这是由于下沉中桶底在承受土压力的

同时容易碰到砾石，从而产生应力集中。但是通过原位试验观测的数据，砾石导致的应力集中仍然没有超过设计的极限值，桶体在下沉过程中的稳定性较好。

8.2.3 负压下沉中桶体内力

通过原位试验对桶式结构在负压下沉工况下的下桶壁、下桶隔仓和上筒壁的结构内力进行测试，可以了解桶体结构各关键部位的受力状况，分析混凝土是否开裂，判别结构是否安全。

由模型试验和数值分析的结果，确定结构在外部荷载作用下可能产生较大内力的部位，在这些位置埋设钢筋计和混凝土应变计。基础桶和隔板处钢筋计布置如图 8.12 所示。

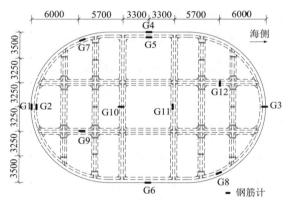

图 8.12 下桶桶壁和隔板的钢筋计布置示意图（单位：mm）

在基础桶桶壁设 8 条内力测线组 G1~G8，每条测线内依据高程的不同布置 5 只钢筋计。根据结构的受拉侧面和受压侧面的内力变化情况，G1、G2 和 G4、G5 两处内外两侧布置，其余各测线均单侧布置，G3 和 G6 处钢筋计布置在环向钢筋，其余各测线的钢筋计布置在竖向钢筋。在基础桶隔板设 4 条内力测线组 G9~G12，均单排布置，G9、G10 测线处钢筋计布置在环向钢筋，G11、G12 测线处钢筋计布置在竖向钢筋。

针对上筒壁的内力测试，在上筒侧壁设 3 条应力测线。另外，由于连接墙边缘处可能存在较大的内力变化，因此在连接墙边缘海侧设 1 条内力测线组，该测线布置 5 只钢筋计。上筒和连接墙处钢筋计的布置如图 8.13 所示。

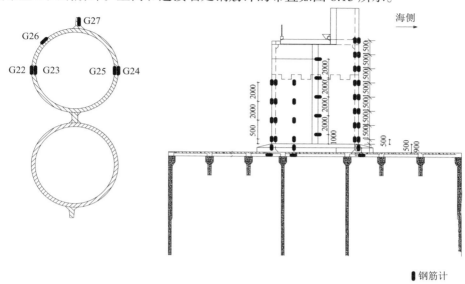

图 8.13　上筒和连接墙处钢筋计布置示意图（单位：mm）

1. 下桶壁钢筋应力观测结果

港侧桶体的钢筋计埋设布置如图 8.12 中的 G1 和 G2 所示，其中 G1 在港侧基础桶体外壁方向，G2 在内壁方向，均测量竖向钢筋应力。图 8.14 和图 8.15 为负压下沉期间港侧桶壁内外壁的钢筋应力-时间曲线。

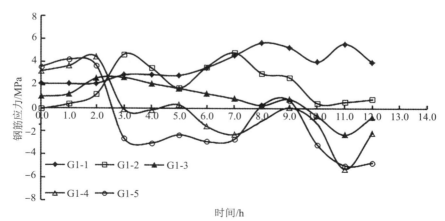

图 8.14　下沉时 G1 测线钢筋应力-时间变化曲线

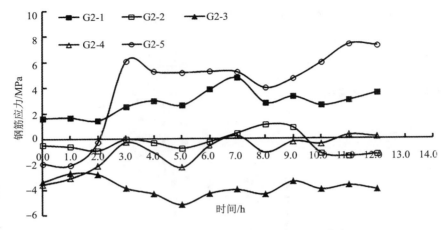

图 8.15　下沉时 G2 测线钢筋应力-时间变化曲线

从图中可以看出，桶壁在下沉初期钢筋应力不大，外部以受拉为主，内部以受压为主。下沉中期都出现了不同程度的波动，其中以最上端的 G1-5 和 G2-5 波动最大。G1-5 的变化曲线出现了明显的下凹现象，而 G2-5 出现了相反的上凸现象，这说明桶壁在此处受力最大，并向内部挤压，距离桶底 9m 处是变形最大的位置，即挠度极值点。这是由于桶体已经入土较深，其他部位由于两侧受到土压力的抑制作用导致变形不大，而上部处于负压作用状态，受到一个向内部挤压的力。当下沉快结束时，停止抽负压，钢筋应力变化曲线也趋于稳定，但是不同高程的钢筋应力也有很大的差别。

海侧桶体下桶壁的钢筋计埋设布置如图 8.12 中的 G3 所示。与港侧桶体下桶壁的钢筋计埋设方向不同，G3 为水平方向布置，测量环向钢筋应力。图 8.16 为负压下沉期间海侧桶壁环向钢筋应力-时间曲线。

从图中可以看出，除 G3-2 外的其他海侧桶壁环向钢筋测线在下沉前 8h 钢筋应力变化幅度不是很大，之后曲线呈现了明显的凹函数。下沉结束后，各钢筋计应力值接近于下沉前测值。但其中 G3-2 波动幅度明显强于其他测点，这就说明了桶体下沉时由于端阻力和摩阻力的作用，使得下桶壁在中间略偏上的位置（距离桶底 7m 左右）环向钢筋应力变化最显著。当下沉快结束时，桶壁两侧土压力差值也渐渐变小，环向钢筋应力趋于自由状态时的应力值。

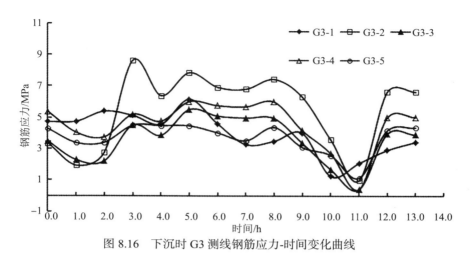

图 8.16　下沉时 G3 测线钢筋应力-时间变化曲线

2. 下桶隔仓钢筋应力观测结果

单桶多隔仓结构下桶的钢筋计埋设布置如图 8.12 中的 G9、G10、G11 和 G12 所示，其中 G9 和 G12 为椭圆体长轴方向隔仓壁的测线，G10 和 G11 为短轴方向的测线。因此，本书仅对具有典型性的 G9 和 G10 下桶隔仓钢筋应力进行分析。如图 8.17 和图 8.18 所示，为了从宏观上了解基础结构内力的情况，绘制了负压下沉期间下桶隔仓的钢筋应力-时间曲线。

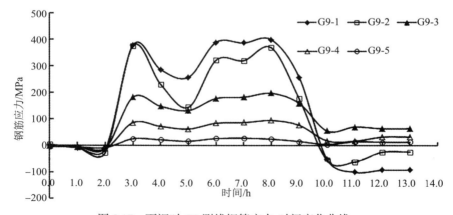

图 8.17　下沉时 G9 测线钢筋应力-时间变化曲线

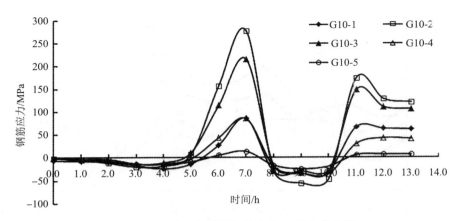

图 8.18　下沉时 G10 测线钢筋应力-时间变化曲线

从图中可以看出，隔仓钢筋应力在下沉初期测值都出现了较小的压应力。在下沉 2h 后，长轴的 G9 测线应力值大幅度增加，其中 G9-1 和 G9-2 在下沉第 3h 达到了最大值 370MPa；而短轴的 G10 测线应力值略微降低，仍然是压应力，其中 G10-1 和 G10-2 在第 3h 和第 4h 都降低到–20MPa。这证明在下沉的第 2~5h 内，隔仓的长轴和短轴处于相反的应力状态。第 5h 后，长轴的 G9 测线应力值仍然是拉应力，而短轴的 G10 测线应力值由压应力变为拉应力，直至第 7h 达到极值，其中 G10-2 增加至 276MPa。从第 8~10h，G10 测线应力值又变为压应力。当下沉结束时，短轴的隔仓维持在拉应力状态，而长轴隔仓下半部分（距离桶底 5m 以内）维持在压应力状态，上半部分为拉应力状态。

3. 上筒壁钢筋应力观测结果

单桶多隔仓结构上筒的钢筋计埋设布置如图 8.13 中的 G24 和 G25 所示，其中 G24 在海侧基础桶体外壁方向，G25 在内壁方向。如图 8.19 和图 8.20 所示，为了从宏观上了解基础结构内力的情况，本书绘制了负压下沉期间港侧桶壁内外侧的钢筋应力-时间曲线。

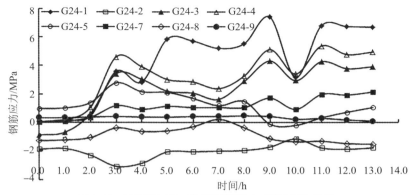

图 8.19　下沉时 G24 测线钢筋应力-时间变化曲线

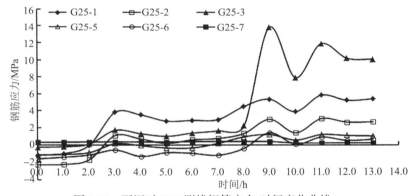

图 8.20　下沉时 G25 测线钢筋应力-时间变化曲线

从图中可以看出，在下沉刚开始的时候，上筒壁在海面以上，处于完全自由状态，此时的钢筋应力很小，并且没有什么变化。随着桶体下沉并逐渐没入水中，上筒壁除了受到一般的海浪以及浮力的作用外没有别的不利荷载因素，因此上筒壁的钢筋应力仍然不大，基本在 10MPa 以内，且中下部的钢筋应力较上部的大。另外，对于上筒钢筋计，需在有大风浪的情况下做进一步分析。

4. 混凝土应力观测结果

为监测桶体内部混凝土的受力，判别其是否存在开裂情况，在下桶壁设置测线 C1、C2，上筒壁设置测线 C5，每条测线间隔 2m 布置混凝土应变计。图 8.21 和图 8.22 为负压下沉期间上下桶壁混凝土应力-时间曲线。

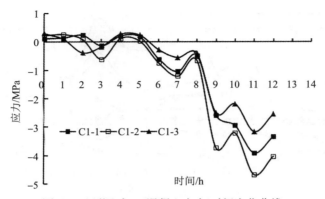

图 8.21　下沉时 C1 混凝土应力-时间变化曲线

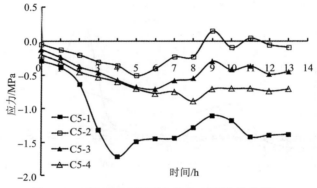

图 8.22　下沉时 C5 混凝土应力-时间变化曲线

从图中可以看出，C1 混凝土的应力在下沉前中期变化都不大，在下沉后期，由于结构下沉较为缓慢，并且遇到较大的下沉阻力，混凝土产生较大的应变，由拉应力转变为压应力，这更有利于结构稳定，因为混凝土能够承受更大的压应力。由于上筒壁并没有进入地基土体，只承受了常规的波浪力和浮力的作用，因此 C5 测线混凝土的应力变化不大，并且都是压应力。

5. 桶体所受内力极值分布规律

为了准确判断结构在负压下沉过程中的稳定性，对各部位在负压下沉中钢筋应力极值做了统计，如表 8.2 所示，其中正值为拉应力，负值为压应力。

表 8.2　下沉中钢筋应力（拉压）最大测点部位与测值

部位	测点编号	应力最大值/MPa	应变/10^{-6}
桶壁	G6-3	141.089	672
	G7-5	−21.423	−102
隔墙	G9-1	409.244	1949
	G9-2	−103.530	−493
肋梁	G14	8.373	40
	G13	−27.370	−130
上筒壁	G25-3	11.924	57
	G25-2	−4.507	−21

从表中的数据可以看出，桶体在负压下沉工况中，纵向隔板钢筋应力普遍较大，个别位置钢筋应力（如 G9-1）已经超过钢筋屈服极限，可以考虑采用增加隔板厚度的方式处理。桶体盖板下部总应力较小，随着后期超孔压消散，土体开始固结，盖板下部的土压力还将更小，盖板和肋梁钢筋应力也较小，因此建议在后续建设中取消肋梁结构。

通过原位试验观测的数据可以看出结构在负压下沉过程中，隔板的结构内力偏大，可能会导致结构的部分破坏，但是结构的整体内力均在设计限制之内，稳定性较好。

8.2.4　负压下沉中桶体结构与地基相互作用

1. 端阻力和侧摩阻力

上节数据处理中使用的是桶体浮容重，本节将底端所有土压力盒所测数值进行平均处理后扣除静水压力，绘制出端阻力随沉降位移变化的曲线，如图 8.23 所示。根据负压下沉过程中桶体外部荷载、沉降量及端阻力，计算出侧壁摩阻力，并绘制出侧壁摩阻力随下沉位移的变化曲线，如图 8.24 所示。

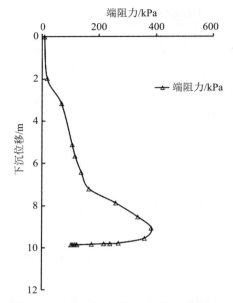

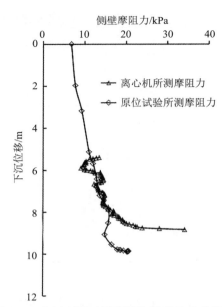

图 8.23　负压下沉时端阻力-位移变化曲线　　图 8.24　负压下沉时侧摩阻力-位移变化曲线

从图 8.23 可以看出，桶体所承受端阻力随着下沉位移增大而增大，当下沉位移在 7.20~9.05m 内，端阻力由 166kPa 急剧增大至 385kPa；当下沉到设计标高后停止抽负压，端阻力急剧减小至 103kPa。图 8.24 中给出了离心模型试验得到的侧摩阻力和原位试验所得侧摩阻力的对比曲线，可以看出二者测值相差不大，变化规律基本一致，只是离心机所测摩阻力在下沉结束时急剧增大致近 40kPa，而原位试验随着下沉的结束，摩阻力达到最大值 20.7kPa 后开始逐渐变小。由于离心机试验是使用大行程加载装置模拟下沉过程，通过其上的传感器测得下沉总阻力，扣除了太沙基理论端阻力而得到的摩阻力。该装置在下沉快结束时所施加的下沉力肯定大于实际工况中的下沉总阻力，因此出现了上述的差异。

2. 摩擦系数

桶壁与地基土体的摩擦系数等于桶壁所承受摩阻力与桶壁所承受正应力的比值，据此可以得到负压下沉中摩擦系数随位移变化的曲线，如图 8.25 所示。对于桶壁所承受的正应力有总应力和有效应力之分，所以得到的摩擦系数也分为总应力法和有效应力法两种。通过总应力法算出的摩擦系数变化范围在 0.10~0.16，其中绝大多数分布在 0.10~0.14 之内，当下沉快结束时摩擦系数升至 0.16 后又下降回 0.11，这是因为桶体底端穿越了淤泥层到达了粉质黏土层，但是也可以看出桶体进入粉质黏土层的深度非常浅。通过有效应力法计算出的摩擦系数变化趋势与总应力法计算的大致相同，但是变化范围要大得多。通过有效应力法算出的摩擦系数变化范围在 0.30~0.48，其中绝大多数分布在 0.30~0.42 之内。

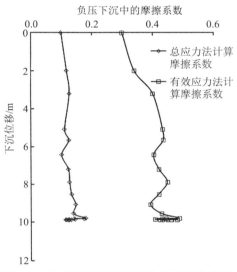

图 8.25　负压下沉中摩擦系数-位移变化曲线

8.3　波浪荷载作用下桶体结构现场测试

8.3.1　波浪作用下的桶壁总土压力

对于长期波浪荷载作用下的结构外力中，港侧和海侧的桶壁内外土压力和孔隙水压力更具有典型代表性，因此本节针对 ET4 桶体这些部位的土压力和孔隙水压力特性进行分析。如图 8.26~图 8.29 所示，根据测试数据绘制了港侧内外桶壁 T1、T2 和海侧内外桶壁 T3、T4 总应力下沉完毕后 6 个月内的变化曲线图。

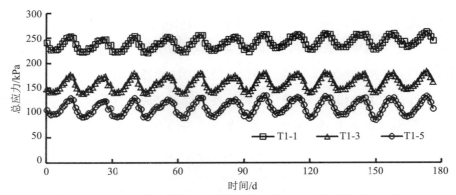

图 8.26　波浪荷载作用下 T1 测线各测点的总应力随时间变化曲线

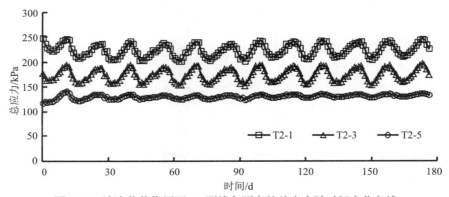

图 8.27　波浪荷载作用下 T2 测线各测点的总应力随时间变化曲线

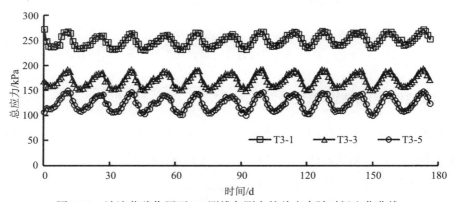

图 8.28　波浪荷载作用下 T3 测线各测点的总应力随时间变化曲线

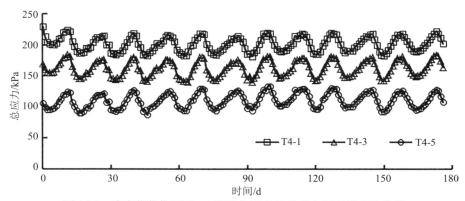

图 8.29　波浪荷载作用下 T4 测线各测点的总应力随时间变化曲线

从图中可以看出，无论港侧还是海侧桶壁的总应力均呈现近正弦周期性的变化规律，周期约为半个月，充分体现了连云港半月潮对总应力的影响。总应力每天的测量结果也有相应的最大值、最小值，随着潮位的变化而变化，具有一定的周期性，变化的范围基本上体现了当天的潮差。对于不同周期同一相位点所对应的总应力来讲，测值基本上保持在相近的大小，所以扣除潮位等条件的影响，有效应力和超静孔隙水压力之和几乎没有变化，即振幅变化不大。

8.3.2　波浪作用下的桶壁有效应力和超静孔隙水压力

土体的应力按土体中土骨架和土中孔隙（水、汽）的应力承担作用原理或应力传递方式可分为有效应力和孔隙应力，对于饱和土体孔隙应力就是孔隙水应力。原位试验埋设的土压力盒测出来的总压力指的是有效土体应力和孔隙水应力的总和，而埋设的孔压计测出来的数据是孔隙应力。因此，可以利用土压力盒和孔压计的测量数据计算出有效应力的数值。如图 8.30 和图 8.31 所示，根据两组试验数据计算结果绘制了港侧桶体外壁处 T1 和海侧桶体外壁处 T2 的有效应力在下沉完毕后 6 个月内的变化曲线图。

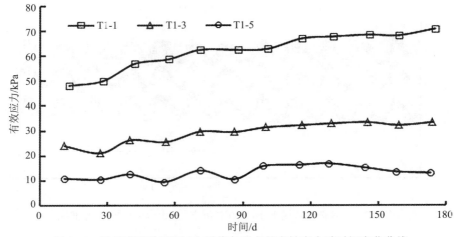

图 8.30　波浪荷载作用下 T1 测线各测点的有效应力随时间变化曲线

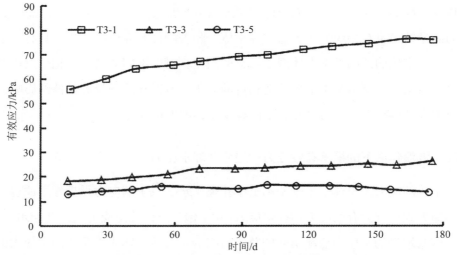

图 8.31　波浪荷载作用下 T3 测线各测点的有效应力随时间变化曲线

　　孔隙水压力包括静水压力和超静孔隙水压力, 若总应力不变, 有效应力和超静孔隙应力可以相互转换。从孔压计测值中扣除静水压力就可以得到超静孔隙应力, 据此计算结果可以绘制出港侧桶体外壁处 K1 和海侧桶体外壁处 K2 的超静孔隙应力在下沉完毕后 6 个月内的变化曲线图, 如图 8.32 和图 8.33 所示。

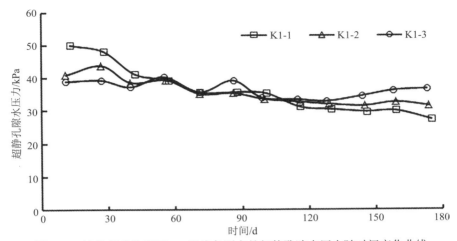

图 8.32　波浪荷载作用下 K1 测线各测点的超静孔隙水压力随时间变化曲线

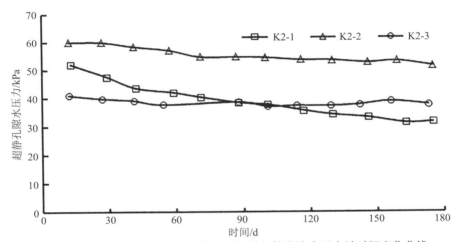

图 8.33　波浪荷载作用下 K2 测线各测点的超静孔隙水压力随时间变化曲线

从 T1 和 T2 各测点的曲线可以看出，大部分测点的有效应力值都有升高的趋势，其中 T1-1 和 T3-1 测点升高幅度最大，T1-3 和 T3-3 测点升高幅度最小。T1-1 从 48kPa 逐渐增至 68kPa，T3-1 从 46kPa 逐渐增至 65kPa。而 K1 和 K2 各测点的曲线发展趋势与有效应力恰好相反，超静孔隙水应力随着时间推移都有降低的趋势。根据有效应力原理，在某一压力作用下，饱和土的固结过程就是土体中各点的超静孔隙水应力不断消散、附加有效应力相应增加的过程，或者说是超静孔隙水应力转化为附加有效应力的过程。图中的有效应力曲线和超静孔隙应力发展趋势恰能反映了随着时间推移地基土在缓慢固结的过程。另外，桶体侧壁上部和下部的超静孔隙水压力大于中部，表明桶体在下沉过程中对土体扰动较大，上部和底部土体孔隙水应力大致的发展趋势是下降的，但在桶体中部孔隙水应力下降不明显。

综合分析土压力和孔隙水压力数据可知，在波浪荷载长期作用下，总应力随着时间的推移呈现周期性变化，但是振幅并没有太大变化；孔隙水应力随着时间的推移也呈现周期性变化，振幅在缓慢地减小；有效应力随着时间的推移有增高的趋势，超静孔隙水应力随着时间的推移有降低的趋势，地基土体在缓慢固结。从以上分析可以得出，在整个观测周期内，土压力和孔隙水压力变化符合规律，也没有出现大的位移，因此新型桶式基础防波堤是稳定的。

8.4　本章小结

通过原位试验观测了负压下沉中以及波浪荷载作用下单桶多隔仓结构所承受的地基土压力、孔隙水压力、结构内部的钢筋应力、混凝土应变以及自身的位移、倾角等，得到以下结论：

（1）新型桶式基础结构在负压下沉、运行期和单侧回填工况下都是稳定的，在各个工况下，试验桶的各项监测数据变化符合规律，没有超过报警值。

（2）桶体在下沉过程中由于应力集中导致桶底受力远大于其他部位，但是各部位受力均没有超过设计极值，桶体在负压下沉过程中的稳定性非常好。桶体结构纵向隔板钢筋应力普遍较大，个别位置钢筋应力已经超过钢筋屈服极限，盖板和肋梁钢筋应力较小，但是盖板近中心位置属于混凝土抗拉应力薄弱部位。试验结果还表明各关键部位的受力状况都离极限值有一定的富余量，混凝土也都没有开裂，结构本身很安全。

（3）在运行期，总应力随着时间的推移呈现周期性变化，但是振幅并没有太大变化。孔隙水应力随着时间的推移也呈现周期性变化，振幅在缓慢地减小。有效应力随着时间的推移有增大的趋势，超静孔隙水压力随着时间的推移逐渐消散，地基土体缓慢固结。

（4）桶体所承受端阻力随着下沉位移增大而增大，当停止抽负压后，端阻力急剧缩小。原位试验所测摩阻力与离心机所测摩阻力计算值相差不大，变化规律基本一致，只是离心机所测摩阻力在下沉结束时急剧增大至近 40kPa，而原位试验随着下沉的结束，摩阻力达到最大值 20.7kPa 后开始逐渐变小。通过原位试验总应力法算出的摩擦系数绝大多数分布在 0.10~0.14 范围之内，这与离心模型试验得出的摩擦系数基本相同，而有效应力法所得结果偏大。

第9章 结论与展望

9.1 主 要 结 论

桶式基础结构是一种新型单桶多隔仓混凝土基础结构，适用于淤泥质海岸防波堤、护岸和码头接岸结构等建设，具有不需要对软土地基进行开挖换填处理、对生态环境影响小、克服砂石料短缺、工程造价低、工期短等优势。通过离心模型试验、数值模拟、现场原位试验，研究了桶式基础结构在施工期和运行期不同工况下的受力、变位及稳定性，揭示了桶式基础防波堤与土体相互作用规律。

（1）开发了离心模型试验地基固结仪、大行程荷载作动装置、波浪荷载模拟器等试验设备，开展桶式基础结构离心模型试验研究。通过对桶式基础结构在入土下沉过程中下桶壁及隔板与地基土摩擦所形成的侧壁摩阻力和总阻力的测试与分析，得到桶体下沉总阻力约 40 000kN，桶体与地基土之间的摩擦系数为 0.130。模型试验结果得出桶式基础结构抵抗水平滑动、下沉和倾转的极限水平荷载能力分别是 $1.54P_{pp}$、$1.58P_{pp}$ 和 $1.76P_{pp}$。桶式基础结构防波堤能够抵御 50 年一遇设计高水位的波浪荷载而保持稳定安全。通过回填试验，建议在工程实施过程中，将桶式基础结构下桶嵌入粉质黏土层的深度设置在 1.0m 以上，尽可能采用中粗砂或者石料作为港侧回填材料，若用淤泥回填，需严格控制回填施工速率并加强现场监测与检测，即增加回填层数，延长间歇时间，待淤泥土自身强度提高到一定程度后再进行下一级回填，以确保防波堤在回填施工期的稳定。

（2）建立了考虑地基土弹塑性本构关系和桶体与地基土相互作用的桶式基础结构防波堤三维有限元分析模型，得到新型桶式基础防波堤在波浪荷载及填土荷载作用下结构内力、变位、稳定性及地基土体的应力应变。结果表明：桶式基础结构防波堤在 50 年一遇的最大波浪力作用下并没有出现滑动或者倾覆失稳情况，结构稳定。当防波堤港侧回填，桶式基础作为岸壁结构后，桶体的位移量明显增加。回填侧吹填淤泥情况下，结构整体向海侧移动，同时向港侧倾斜；回填袋装砂情况下，结构底部向海侧移动，顶部向回填侧移动，整体向回填侧倾斜。

（3）波浪荷载作用下，桶壁土压力可分为三个部分：海侧圆弧段的主动土压力区、两侧直壁段的静止土压力区域、港侧圆弧段的被动土压力区域。桶体转动中心始终位于下桶外部，随着荷载增大，转动中心逐渐向桶体底平面下部移动，即由海侧向港侧移动，但不会进入下桶内部，因此，桶体长轴方向的两端桶壁土压力均为单一的土压力状态，即海侧桶壁上土压力处于主动区，港侧桶壁土压力处于被动区，而两侧直壁段上筒壁土压力基本上为静止土压力区。提出了桶式基础结构抗倾覆和抗滑稳定性计算解析方法，得出抗倾覆稳定系数和抗滑稳定系数计算公式。

（4）通过原位试验观测结果得到了负压下沉中结构内力、外力和变形随时间的变化规律以及波浪荷载长期作用下土压力和孔隙水压力随时间的变化规律，分析了下沉过程中的端阻力和摩阻力变化特性，得到了摩擦系数的变化范围，与离心模型试验结果进行对比，进一步分析了防波堤在下沉施工中和波浪荷载作用下的工作性状。

9.2 展　　望

新型桶式基础结构已经成功应用于连云港港徐圩港区直立式防波堤工程，目前已完成全长 4670m 的东防波堤和 3440m 长度的西防波堤建设。在桶式基础结构负压下沉和运行期间开展了系统的现场监测检测，包括桶体位移、转角、土压力、钢筋内力、波压力等，通过对现场观测资料的整理分析，将进一步揭示波浪荷载作用下桶式基础结构与地基的相互作用规律。

关于桶式基础结构的计算理论还有许多方面需要深入探讨，如桶式基础结构下沉过程主要在淤泥质土层中进行，考虑到淤泥土具有较强的流动性，会对天然地基原有的结构产生影响，同时，桶体下沉又会产生挤土效应。因此，对于下沉过程的进一步研究需综合考虑土体结构性破坏与挤土效应的影响。

　　当桶体下沉就位后，随着海水和空气的排出，下桶隔仓内几乎充满原地基中的淤泥质软土，而目前的研究仅仅考虑了隔仓内土体对桶壁的摩擦力，其对结构抗滑和抗倾稳定如何发挥作用及其作用机理尚不明确。另外，当桶式基础作为岸壁结构时，工程中往往先对港侧回填区域进行地基处理，再回填淤泥或者海砂，地基处理的方式和加固效果对桶式基础结构稳定性的影响也需进一步研究。

　　桶式基础结构作为一种新型港工结构物，在工程实践和理论研究中仍会遇到很多问题，本书作者将继续深化研究，完善桶式基础结构在水运和水利工程中的应用技术。

参 考 文 献

[1] 严凯, 梁其荀. 海岸工程[M]. 北京: 海洋出版社, 2002.

[2] 李炎保, 蒋学炼. 港口航道工程导论[M]. 北京: 人民交通出版社, 2010.

[3] 谢世楞. 海港防波堤工程的发展趋势//第九届全国海岸工程学术讨论会论文集[C]. 北京: 海洋出版社, 1999: 1-11.

[4] 李伟. 箱型吸力基础防波堤结构探讨[J]. 港工技术, 2001, (s1): 75-77

[5] 施晓春, 徐日庆, 龚晓南, 等. 桶形基础发展概况[J]. 土木工程学报, 2000, 33(4): 68-92.

[6] 沈雪松, 程泽坤. 桶式基础结构应用技术与实践[M]. 南京: 河海大学出版社, 2016.

[7] 李武, 沈雪松, 程泽坤, 等. 扶壁式基础岸壁结构及其施工方法: CN 103382712B[P]. 2013.

[8] 李武, 沈雪松, 程泽坤, 等. 扶壁式基础岸壁结构及其施工方法: 201210134326.4 [P]. 2012.

[9] Andersen K H, Dyvik R, Schrøder K, et al. Field tests of anchors in clay Ⅱ: predictions and interpretation[J]. Journal of Geotechnical Engineering, 1993, 119(10): 1532-1549.

[10] De Groot M B, Kudella M, Meijers P, et al. Liquefaction phenomena underneath marine gravity structures subjected to wave loads[J]. Journal of Waterway, Port, Coastal, and Ocean Engineering, 2006, 132(4): 325-335.

[11] 孙精石, 孟祥玮, 王占英. 波浪作用下沉入式大圆筒防波堤的稳定性模拟与研究[J]. 水道港口, 2000, (4): 1-6.

[12] Watson P G, Randolph M F. Failure envelopes for caisson foundations in calcareous sediments[J]. Applied Ocean Research, 1998, 20(1): 83-94.

[13] 徐光明, 章为民, 赖忠中. 沉入式大圆筒结构码头工作机理离心模型试验研究[J]. 海洋工程, 2001, 19(1): 38-44.

[14] 张建民, 王刚, 陈杨. 海岸岩土工程的物理与数值模拟方法[J]. 岩土力学, 2004, 25(s2): 61-74.

[15] Zhang J H, Zhang L M, Lu X B. Centrifuge modeling of suction bucket foundations under ice-sheet-induced cyclic lateral loadings [J]. Ocean Engineering, 2007, 34(8-9): 1069-1079.

[16] 张建红, 孙国亮, 鲁晓兵. 离心机中动冰荷载的模拟[J]. 岩土工程学报, 2005, 27(4): 474-477.

[17] 蒋敏敏, 蔡正银, 徐光明, 等. 软土地基上箱筒型基础防波堤静力离心模型试验研究[J]. 岩石力学与工程学报, 2010, 29(s2): 3865-3870.

[18] 封晓伟. 波浪循环荷载作用下防波堤-地基稳定性研究[D]. 天津: 天津大学, 2009.

[19] Sukumaran B, Mccarron W O, Jeanjean P, et al. Efficient finite element techniques for limit analysis of suction caisson under lateral loads[J]. Computers and Geotechnics, 1999, 24(2): 89-107.

[20] Supachawarote C, Randolph M, Gourvenec S. Inclined pull-out capacity of suction caissons//Proceedings of The 14th International Offshore and Polar Engineering Confenence[C]. 2004: 500-512.

[21] 范庆来. 软土地基上深埋式大圆筒结构稳定性研究[D]. 大连: 大连理工大学, 2007.

[22] 范庆来, 栾茂田, 杨庆. 横观各向同性软基上深埋式大圆筒结构水平承载力分析[J]. 岩石力学与工程学报, 2007, 26(1): 94-101.

[23] Wang J H, Li C, Moran K. Cyclic undrained behavior of soft clays and cyclic bearing capacity of a single bucket foundation//Proceedings of the Fifteenth International Offshore and Polar Engineering Conference [C]. 2005: 392-399.

[24] 李驰, 王建华, 袁中立, 等. 桶形基础采油平台循环稳定性三维有限元数值模拟[J]. 中国海洋平台, 2008, 23(1): 26-30.

[25] 武科, 栾茂田, 杨庆, 等. 软黏土强度非均质性对复合加载模式下桶形基础破坏包络面的作用分析[J]. 岩土力学, 2009, 30(3): 779-784.

[26] 武科, 薛洪福, 陈榕, 等. 吸力式桶形基础多桶组合结构承载力特性研究[J]. 防灾减灾工程学报, 2008, 28(4): 484-491.

[27] 王志云, 栾茂田, 杨庆, 等. 循环加载条件下吸力式沉箱基础极限承载力特性分析[J]. 大连理工大学学报, 2009, 49(3): 414-418.

[28] 范庆来, 栾茂田, 杨庆, 等. 考虑循环软化效应的软基上深埋大圆筒结构承载力分析[J]. 大连理工大学学报, 2006, 46(5): 702-706.

[29] 栾茂田, 武科, 范庆来, 等. 复合加载下桶形基础循环承载性能数值分析[J]. 海洋工程, 2007, 25(3): 88-94.

[30] 王刚, 陈杨, 张建民. 大圆筒结构倾覆稳定分析的有限元法[J]. 岩土力学, 2006, 27(2): 238-241.

[31] 刘树杰, 王忠涛, 栾茂田. 单向荷载作用下海上风机多桶基础承载特性数值分析[J]. 海洋工程, 2010, 28(1): 31-35.

[32] 肖忠, 王元战, 及春宁, 等. 筒型基础防波堤稳定性有限元数值分析[J]. 土木工程学报, 2009, 42(7): 119-125.

[33] 罗强, 栾茂田, 杨蕴明, 等. 非共轴本构模型在吸力式桶形基础承载力数值计算中应用[J]. 大连理工大学学报, 2012, 52(4): 553-558.

[34] 李武, 陈甦, 程泽坤, 等. 水平荷载作用下桶式基础结构稳定性研究[J]. 中国港湾建设, 2012, (5): 14-18.

[35] 李驰, 刘振纹. 大港滩海地区桶形基础平台地震响应分析[J]. 中国海洋平台, 2007, 22(1):38-42.

[36] 刘海笑, 王世水. 改进的等效线性化计算模型及在结构海床耦合系统动力分析中的应用[J]. 中国港湾建设, 2006, (1): 12-15.

[37] 刘锟. 循环荷载作用下软粘土地基桶型基础变形的计算研究[D]. 天津: 天津大学, 2007.

[38] 周在中, 陈宝珠. 大直径圆筒挡墙模型实验与计算方法的研究[J]. 岩土工程师, 1991, 3(4): 7-14.

[39] 刘建起. 沉入式大直径圆筒结构变形计算的试验研究[J]. 岩土工程学报, 1994, 16(2): 64-72.

[40] 王元战. 沉入式大直径圆筒结构上土压力计算的一种模式[J]. 港工技术, 1997, (1): 25-27.

[41] 王年香. 土工离心模型试验技术与应用[M]. 北京: 中国建筑工业出版社, 2015.

[42] 中华人民共和国交通运输部. 港口工程离心模型试验技术规程[M]. 北京: 人民交通出版社, 2014.

[43] 蔡正银, 徐光明, 黄英豪, 等. 一种超重力场中的摇板式造波机系统: CN104060572A[P]. 2014.

[44] 蔡正银, 徐光明, 顾行文, 等. 波浪荷载作用下箱筒型基础防波堤性状试验研究[J]. 中国港湾建设, 2010, 169(s1): 90-94.

[45] 徐光明, 顾行文, 任国峰, 等. 防波堤椭圆形桶式基础结构的贯入受力特性实验研究[J]. 海洋工程, 2014, 32(1): 1-16.

[46] 徐光明, 顾行文, 蔡正银, 等. 作用于防波堤上波浪荷载的离心机模拟[J]. 岩土工程学报, 2014, 36(10): 1770-1776.

[47] 蔡正银, 杨立功, 关云飞, 等. 新型桶式基础防波堤单桶桶壁土压力数值分析[J]. 水利水运工程学报, 2016, (5): 39-46.

[48] 杨立功. 新型桶式基础防波堤单桶多隔仓结构防波堤与软土地基相互作用研究[D]. 南京: 南京水利科学研究院, 2014.

[49] 杨立功. 采用拟静力法的新型桶式基础防波堤结构稳定性分析[J]. 水利水运工程学报, 2015, (5): 96-102.

[50] 曹永勇. 单桶多隔仓结构防波堤与软土地基相互作用研究[D]. 南京: 南京水利科学研究院, 2014.

[51] 关云飞, 曹永勇, 李文轩. 桶式基础防波堤工作特性原位试验研究[J]. 中国港湾建设, 2016, 36(12): 23-28.

索　引

B

被动土压力区　97
比尺关系　28
变形稳定性状　60
波浪-结构-地基共同作用　13
波浪设计要素　48
步进电机　34

C

侧壁摩擦力　44
差异沉降　59
超静孔隙水压力　129
超重力场　26
初始侧压力系数　83

D

大行程作动加载装置　33
单宽桶壁土压力　113
等效抗弯刚度理论　30
等应变速率模式　36

F

非线性静态分析　70
粉质黏土层　7
负压下沉　11

G

钢筋屈服极限　137
钢筋应力-时间曲线　131
工作机理　15
固结　129
贯入阻力　43

H

含水率　60
荷载比　49
荷重传感器　35
环境友好　10
混凝土应力-时间曲线　135

J

激光传感器　48
极限状态　50
减阻效应　45
剪应力分布云图　87
接触力学算法　79
截面惯性矩　30
界面土压力计　124
静力平衡状态　42
静止土压力区域　119

K

开敞海域　123
抗滑移稳定性系数　119
抗倾覆稳定性系数　118
抗弯刚度　30
孔隙水压力传感器　38

L

离心模型试验　25

M

摩擦角　60
摩擦系数　45

N

南水模型　71

挠度极值点 132

拟静力作动加载装置 35

P

破坏模式 67

Q

气压平衡控制 124

强度衰减指数 57

倾覆力矩 107

S

砂雨法 32

深水离岸结构 123

失稳判别标准 90

竖向位移分布云图 86

数据采集与处理系统 123

数据传输系统 123

双电磁激励器 36

双屈服面弹塑性模型 71

水平位移分布云图 86

缩尺模型试验 16

T

弹性模量 30

太沙基理论 138

桶壁水平向摩阻力 111

桶侧竖向摩阻力 111

桶底端阻力 43

桶底切向摩阻力 111

桶式基础结构 7

土压力 124

土压力分布 99

W

网络发布系统 123

位移响应 57

稳定破坏模式 23

X

袖珍贯入仪 32

循环波浪荷载模拟器 36

Y

杨氏模量 83

应变式位移传感器 38

应力集中 130

应力水平 25

硬接触 77

永磁低速同步电机 36

有效应力法 138

预压排水固结法 32

原位不排水强度 57

原位观测试验 121

圆锥贯入强度试验 57

运动轨迹 108

Z

主动土压力区 97

主应力差 83

转动中心 105

自动化监测系统 123

总应变分布云图 87

总应力法 138

总应力-时间曲线 125

其他

ABAQUS 70

CCD 摄像闭路电视系统 37

GNSS 123

$n \cdot g$ 离心加速度 26

ε_V-ε_a 74